Klee 1920 32

「新しい天使」Angelus novus, 1920, 32
Ölpause und Aquarell auf Papier auf Karton 31.8 x 24.2 cm
パウル・クレー（1879–1940）による油彩転写・水彩作品。イスラエル美術館所蔵

The Rise and Fall of Generation Now

Tim Ingold

世代とは何か

ティム・インゴルド

訳＝奥野克巳・鹿野マティアス

AKISHOBO

日本の読者のみなさまへ

本書では、来るべき世代の共存の可能性について対話を始めています。日本の読者のみなさんにこの本をご紹介できることをうれしく思っています。それは、とりわけみなさんがこの対話に多くのことを付け加えてくださると想像するからです。

私が提起する世代についての考え方――私はそれをいわゆる「西洋」の思考を支配する系譜学的計算と対置しています――は、すでにあまりにも馴染み深いものであり、いまさら何を、と思われるかもしれません。複数の世代は積み重なるのではないということ、つまり、最新の世代が上に来て、祖先の世代を下のほうに埋もれさせる諸々の層の中で互いに取ってかわるのではないことをみなさんに納得させる必要はおそらくないかもしれません。複数の世代がその丈に沿って重なりあい、祖先たちが前にいて、子孫たちが後ろにいるような系譜の中で新しい人々が先行者たちの道を追いかけ、次は自分たちが追いかけられる、ということはすでによくご存じでしょう。西洋の学問の歴史において、みなさんにとって当然のことを「発見」するために学問の慣習に逆らうような思考を要したのはこれが初めてのことではありません。

私たち西洋の学者が「近代」と呼ぶものの大いなる悲劇は、それがあらゆる世代に現在をつかみ、現役世代としてみずからを位置づけることを強いることだと考えます。そうすることで、それは先人たちに背を向けてしまい、新しい世界のデザインを来るべき世代に投影するのに過ぎなくなってしまうのです。このように幾世代にもわたり、過去のプロジェクトが実現するための時間が与えられるはるか以前にそれらを拒絶することの結末は、しばしばまだ途中までしか完成していない構造物の破片からなる、うず高く積み上がる廃墟の山なのです。西洋世界のどこに行っても、このような廃墟の山を見ることができます。生きていくためには、何とかしてそこを通り抜けるか、迂回して進まねばなりません。

しかし、日本では状況が大きく異なっているように見えますし、そこにパラドックスがあるように思われます。ここには、先祖伝来のやり方に深く敬意を払い、人々が日常生活の中でそれらの継続と再生を確実にするためにできる限りのことをしている国があります。西洋とは違って、日本の人々は、自然の世界にも文化の伝統にも背を向けず、そのどちらからも、永遠に続く身体的かつ精神的な滋養の源泉を得ており、そのことは忍耐強い思索と熟練した職人技という長年の伝統に表現されています。しかし日本は、とりわけロボット工学や人工知能といった先進技術の分野で今や世界をリードするほどの大きな変化を経験した社会でもあります。日本は、スピード、自動化、二四時間絶え間なく続く活動に完全に支配されているように見えます。実際、グローバルな市場経済とそれにともなうあらゆるものを無条件に受け入れることで、日本は事実上、西洋の近代性を「追い越した《アウト・モダーンド》」ように思われます。

私の立場からは、これらの傾向は明らかに矛盾しているように見えます。両者を同時に手にすることは一体どのようにして可能なのか、と私は不思議に思います。パラドックスであるのは、日本人の観点から見れば、まったく矛盾があるように見えないということです。どうしてこれが可能なのかについて、読者のみなさんが何らかの手がかりを与えてくれることを望みます。「ハイテク」は、とりわけ極度の精密さと小型化をともなう場合には一種の工芸として理解できるのでしょうか？ グローバル市場で企業ビジネスをおこなうことは、先祖を敬う方法なのでしょうか？ 日本社会は、崇敬される伝統と超近代性がたやすく共存してともに繁栄できる方式を何らかの形で見つけ出したのでしょうか？ これらの問いによりよく答えることができる立場にあるのは、私よりもみなさんのほうです。しかし、それでも私は、すべてが見た目通りではないと推測します。

問題の兆候のひとつは、日本の人口の全体的な高齢化です。西洋の私たちは、若者たちに古いやり方を案内する責任をはるか昔に放棄し、よりよい時代がやってくるはずだという誘惑にかられて、過去の廃墟の中で彼らを放っておくままにしているのに対して、日本の人々が依然としてこの責任を非常に真剣に捉えているという印象を受けています。しかし、従うべきやり方がなければ、どのようにそれを実行できるのでしょうか？ 自動操作とデジタルメディアが支配する世界では、すべての身体的活動の痕跡は瞬《また》く間に消去されてしまいます。そのような世界では、祖先の足は足跡の道を残さず、祖先の手は書道の筆さばきを残しません。おそらく現在の世代が、年長者のやり方の導きなしには果たすことができないと感じる責任を背負い込むことに消極的であるのは、特段驚くべきことではないかもしれません。理解できることではありますが、彼らは試みに失敗するのを見られるよりも、自分の子どもを育てること自体を断念します。

もちろん、この見立ては完全に思弁的なものです。ですが、私はみなさんがどのように考えるか知りたいと思います。それまでの間、みなさんに向かって先刻承知のことを述べていると、あまり厳しく責めないでください。本書を楽しまれることを願っています。

ティム・インゴルド

アバディーンにて、二〇二四年九月一日

まえがき

この小さな本は、ここ数年間にわたって、私が「人新世に向きあう」という学際的なワーキンググループに参加することで生まれたものである。ワーキンググループは、ヘンリー・ルース財団からの資金に基づき、デューク大学キーナン倫理学研究所によって組織された。私たちには、グループ全体として、現在起こっている惑星規模の危機が投げかける喫緊《きっきん》の問いに取り組んでいくことを課せられた。それはたとえば、以下のような問いである。私たちの生き方よりもはるかに多くの生き方を含むような環境の中で、私たち自身の人間性をどのように理解するべきなのか？　こうした危機的な時代に、どのような分配と民主的ガバナンスのシステムが生じうるのか？　これほど残酷なまでにバランスを失ってしまった世界で再び正義を取り戻していくために、種と自然、政治とエージェンシー、経済と価値についてのいかなる前提を問い直していく必要があるのか？　議論が進むにつれて、私たちが未来に向きあう際の困難さの根源は、世代に関する私たちの考え方の中にあるのだとますます確信するようになった。私たちは世代というものを、現在を掌握し前任者に取ってかわったのだが、今度は後進に取ってかわられる運命にあるひとつの層として扱いがちである。歴史的にみればこの考え方は奇妙なものだが、今日ではしばしば、進化、生と死、寿命、絶滅、持続可能性、教育、気候変動および現在強い関心を集めている他の多くの事柄を議論する際に、疑われることのない前提として自明視されている。

本書では、生《せい》は、複数の世代の内部に閉じ込められているのではなく、それらが重なりあって協働する際に鍛えあげられるものであると考える古い考えに回帰したいと思う。祖先の道に沿ってともに生き、ともに働くことによって、複数の世代は、みずからと子孫たちにとって、未来を確かなものにするのだと主張したい。私たちが住まう世界をつくるために、たいそう熱心に働き、とても多くの生と魂を注ぎ込んだ者たちに対して私たちが敬意を払うのには理由がある。私たちは、祖先の仕事に私たちの存在そのものを負っている。それと同じように、私たちの後に来る者たちは私たちの仕事に彼らの存在を負っているのだ。私たちは子孫からも同じように敬意を払われることを望まずにいられようか？　生はリレーのようなものであり、それが続くかぎり、世代が続いていく希望がある。この本では、この希望に声を与える助けになるような概念的な語彙を発展させようと試みている。そのキーワードの多くは拍子抜けするほど単純であり、はるか昔からあるものだ。さらに、おそらく驚くべきことではないのだが、それらの文法上の形式は、もっぱら動詞のそれなのである。これらのキーワードには、次の言葉が含まれる。来ると待ち望む（そこから「なる《ビカミング》」と「属する《ビロンギング》」ができてくる）、年を取ると子をなす、頼ると続く、気遣うとそばにいる、掘り出すと経験する、そしてこれらすべての背後にある「人間する《ヒューマン》」。すべてが過程の言葉なのである。

だが、生じかねない誤解を避けるために、本書が何で**ない**のかについて、はっきりとさせておきたい。まず、本書は、特定の時期もしくは世界の特定地域における特定世代の経験を記録したり、分析したり、その世代の人々の運命を描写したりする民族誌的もしくは社会学的な研究ではない。私の関心はより哲学的なものである。それは、世代／生成《ジェネレーション》の**観念**に関するものであり、またそれをいかに別様に考えうるかに関するものである。だとすると現役世代とは、ひとつの世代が「現在《プレゼント》」の所有権を主張するという行為を通してみずからに関して抱く観念のことである。したがって、現役世代の盛衰を二つの意味において理解することができるだろう。第一に、もし、あらゆる現役世代が、その時代の出来事を監督するために順に舞台に上がるのであれば、それは生きているうちにこの地位に上りつめてきたには違いないのだが、その後に、後継者たちに道を譲るために衰退していかなければならないということなのだ。だが第二に、その観念自体は歴史的な軌道を有している。それは、啓蒙思想として知られるヨーロッパ思想の大いなるプロジェクトの一部として、進歩の観念と手を取り合って舞台に上がったのだが、今ではそのプロジェクトとともに再び落ちぶれて、みずからが招いてしまった複数の社会的・環境的危機にさいなまれ、バラバラに砕け散ってしまっている。

次に、本書はジェンダーについての本ではないという点について述べておきたい。実際のところ、そのトピックにはほとんど触れていない。本書では「発生させる／ジェンダー化する《エンジェンダリング》」を、その第一義である、子をなす、新しい生を産むの意味で用いており、この生に対して男性あるいは女性の性質を与えるという、その第二の意味で用いているわけではない。そのように考えがちな読者であれば、「子をなす」が示唆する、産む・産まれる、気遣う・気遣われる、という相互性の中に女性性が暗示されていると感じるのももっともなことである。現役世代の指導者たちであれば、「歴史をつくる」と言うところだろうが、歴史をつくるために目の前の機会をつかもうとする現役世代の決断のうちに男性性が暗示されることを見いだすかもしれない。そうしても別に誤りではない。しかし、思い切って言ってしまうと、そう考えてしまうのは、世代の関係が根本的にジェンダー化されているからなのではない。むしろ正反対に、ジェンダーに関する私たちの理解が、世代について考える私たちのやり方によって深くひん曲げられているからである。それゆえに、世代についての考え方を変えることは、ジェンダーについての考え方に重大な帰結をもたらすかもしれない。より強い言葉で言えば、世代の交代と継承の支配的なモデルに組み込まれた不公平、とりわけ若者と老人に向けられたものが検討され、解決されるまでは、ジェンダー関係に公平性がもたらされることなどありえない。そうしたことが、本書で試みたいことだ。ジェンダーについて考えるために、世代について考え直してみることの結果を検討することは、実際には、論理的な次のステップになるだろう。しかしその仕事については、私自身よりもこの挑戦を受けて立つのにふさわしい研究者たちに喜んで譲りたい。

本書では私の考えを大きな理論ではなく、ささやかな提案として提供する。それらの提案が完全に理路整然としており、水も漏らさぬ緻密なものだとは言わないし、とりわけ独創的なものだと嘯《うそぶ》いてみせるつもりもない。それでも、それらは、いつのまにか私の心の中で育まれてきた感情を反映している。私は、将来のために私たちの悩みのいくつかを改善するだけではなく、より深く、長続きする共存の礎を築くために、世代に関する別のアプローチが必要であると確信している。提案するアプローチは、私たちが最も大切にしてきたいくつかの信念——進歩が不可避であることと、環境的なインパクトから人類を守ってくれる科学や技術の能力への私たちの信奉を含む——を放棄しなければならないことを意味するのだと告白しておこう。完璧な世界がまもなくやってきたり、私たちのトラブルに終わりが来る日が訪れたりすると信じてなどいないのである。しかし、私たちは、これらの困難を前任者のせいにしてまた同じことを繰り返す羽目に陥るのではなく、今も続く生の対話《カンバセーション》の中にもう一度、複数の世代を呼び集めるべきなのである。本書のメッセージは、生とは的を狙い撃ちするようなものではない——もしくは少なくとも本来そうではない——ということだ。生とは、手段と目的の間にある隙間でモタモタするようなものである。ここに、あらゆる可能性が秘められている。あらゆる可能性の真っ只中で、私たちは、決してこちらに向かってくる未来を見るのではなく、見渡す限り遠くまで広がっている未来を見るのだ。私たちが動くにつれて、未来も動く。私たちはそこにたどり着くことはない。しかし、私たちが進み続けることができる限り、希望を持つ理由はある。

寛大な資金援助をしてくれたヘンリー・ルース財団、その中でもとりわけ揺るぎない励ましを与えてくれたノーマン・ウィルバにはまだ感謝を述べていなかった。ポリティ・プレスのエレン・マクドナルド゠クレーマーが、このプロジェクトの価値を信じてくれたことで、私はここまで進むことができた。本書は、二名の匿名査読者によるコメントから恩恵を受けている。本書を私の祖先たちに捧げる。彼らの仕事がなければ本書を書くことはなかった。また、本書を私の子孫たちに捧げる。本書が、困難な時代において彼らに助けを与えるものであることを願いながら。

アバディーンにて、二〇二三年一月

ティム・インゴルド

第1章　世代と生の再生

縄を綯《な》うところを想像してみよう。原材料のために、草地へ入って背の高い草を大量に収穫したところだ。縄は二重の動きによって形づくられる。まずは丈に沿ってそろえた草の茎をねじり、撚《よ》り紐《ひも》とする。次に、撚り紐同士をねじり合わせる。鍵となるのは、二回目のねじりは、最初のねじりと反対になるべきということだ。個々の撚り紐は、回転させなければほどけてしまい、それらが一緒になっているねじれを締めるだけなのに対して、こうすることで、回転そのものが、それぞれの撚り紐のねじれを締めることを確かなものにする。相殺《そうさい》しあうこれらの力が、茎を縦にそろえたことによる摩擦とあいまって、縄がほどけることを防止するとともに、引き延ばした時の強度を与える。もちろん草の茎は一定の長さしかない。だが、前の茎が足りなくなったら新しい茎をねじりの中に継ぎ足すことで縄自体はいつまでも――少なくとも原材料の供給が続く限り――巻き続けることができる。もし材料となる草が尽きてしまったら、より多く育てるためにもう一シーズン待たなければならないかもしれない。新しく収穫したものを使うなら、中断したところからもう一度やり始めることができる。

ここでは、それぞれの草の茎が生《せい》であると想像してみよう。人間の生である必要はないが、とりあえず、人間の生だと仮定しよう。私たちが経験から知っているように、人間の生は孤独のうちにではなく、他者と一緒にいる中で生きられる。彼らはともに歩みを進め、とりわけ家庭や家族のような親密な状況では互いにねじれあっている。そして、今度はこれらの親密な集まりが、社会的な生のより広い流れの中で互いに絡みあうことになる。それぞれが互いを巻き込み、社会的な生に対してある特定の結束力を与え、それがすりきれてしまうのを防ぐことになる。個別の生がそれぞれの道を進もうとする傾向性が、コミュニティの紐帯《ちゅうたい》を密なものとする摩擦になる。他方で、逆に共同体の紐帯がゆるむことは、これらの生が撚りあわせられている親密性を密なものとする。張力と摩擦の対比――古代ギリシャ人が調和（*armonia*）と呼んだもの――があらゆるものを結びつける。もちろん永久に生きる人などいない。しかし、一部の者が年老い、衰えてしまうのと同じくらい早く、別の者たちが生まれ、ねじれの中に入っていく。それゆえ、個々の参加者の出入りがあるにもかかわらず、社会的な生は、人間の世代のサイクルから生まれたリズムとともにいつまでも続いていくことができる。

確かに、このアナロジーは完璧なものではない。おそらく、縄と社会的な生の間にある最も重要な違いは、縄がすでに集められた材料からつくられるのに対して、社会的な生は、みずからの歩みを進めつつ、先端より成長し続ける生を用いてみずからをつくりあげるということである。それらは、互いに巻きつけあいながら、植生の密なもつれの中を進んでいく、つる草や匍匐《ほふく》植物に喩えるほうが良いかもしれない。社会的な生に関しては、新しい生が何もないようなところから導入される——縄を綯う時の茎のように——のではなく、収穫前に古い茎から新芽が生まれてくるのとほとんど同じようなやり方で、その内側から生まれてくる。それでもなお、私は、縄のイメージが、社会的な生の**生成**《ジェネレーション》について考えるのを始めるのに役立つと感じている。それが本書の主題である。私の問いは単純明快である。複数の世代《ジェネレーションズ》が経過する中で、その前に何が来て、その後に何が来るのか？　祖先たちは前にいるのか、後ろにいるのか？　子孫たちは後ろにいるのか、前にいるのか？　社会的な生は、いかにしてみずからの連続性を担保する、つまり持続するのだろうか？　だが、その答えは、この連続性もしくは持続性が、かつてなかったほど脅かされているようにみえる時代においては、とりわけ、限りなく重要なのである。

この脅威、少なくともそれに関する私たちの認識は、社会的な生の世代《ジェネレーション》／生成から**複数の世代**《ジェネレーションズ》へと焦点を移すという、近代に顕著な傾向性に関わっている。複数形にすると何たる違いであろうか！　生成とは過程である。受胎や誕生の時だけではなく、存在のあらゆる瞬間において、生をもたらすのだ。これから見ていくように、生きているとは、私たちがおこなうことであるが、それは、私たちがともに巻きこみあい、自分自身と互いを積極的に生み出し《ジェネレート》ながら、私たちがくぐり抜けることでもある。ところが複数の世代は、生の過程を分断したスライスのようなものである。つまりあらゆる世代は、ある特定の時点で、もしくは特定の期間にわたって、ランクに振り分けられるような人類の同齢集団《コーホート》であり、その成員はある意味で、みずからを同時代の人々として認識したりされたりするのだが、その形成は、初めから完全なものである。同齢集団が行進していく中で、私たちは連続性ではなく、繰り返される交代劇を目の当たりにする。その交代劇では、各々がかわるがわる舞台に上がり、ひとしきりスポットライトを浴びた後に、後継者に押しつぶされ、過去へと沈んでいく。生成は続いていくのだが、複数の世代は一段ごと、層ごとに、山となって積み上がっていく。

こうした層位学的な志向は、近代の感覚の中に深く焼きつけられている。そしてそれは、世代の層を、地球の歴史における堆積層、考古遺跡を埋めている堆積、アーカイブ内の文書、人間の精神内の意識と容易に同一視される。それは、伝統と遺産、保全と絶滅、持続可能性と進歩もしくはアートと科学についての懸念のうちのいずれかであったとしても、人間の過去と未来が賭けられるあらゆる領域に、しばしば私たちが気づかないうちに浸透してきた思考法なのである。以下の章では、それがどのような具合になされてきたのかを検討する。どの例であっても、積み上げのメタファーを縄のそれと取り替えることで、こうした事柄にまったく異なる光を当てることになる。なぜなら、[図1・1]にあるように、積み上げでは、すべての世代がその先行者に取ってかわることになる一方で、縄では、若い生は年長の生と重なりあい、生そのものが両者の協働の中で再生される。この協働は、あらゆる姿形をとる生き物の関係にも拡張されるため、人間の生に限定されるものでもない。これらの線に沿って世代／生成を再考することによってのみ、共生のための盤石な基礎を築くことができると私は強く主張する。

親子関係

創世記によれば、すべてはアダムから始まった。創世記の第五章の一行目は、「これはアダムの世代の記録である」と宣言している。アダムは一三〇歳という高齢で息子セトをもうけるが、その後も八世紀にわたって生き、さらに多くの息子たちと娘たちをもうけた。この時期、アダムとセトはともに暮らした。一〇五歳の時、セトは息子エノスをもうけるが、彼もまたその後死去するまでに八〇七年間生きた。そして、エノスがカイナンをもうけ、カイナンがマハラレルをもうけ、マハラレルがジャレドをもうけ、ジャレド

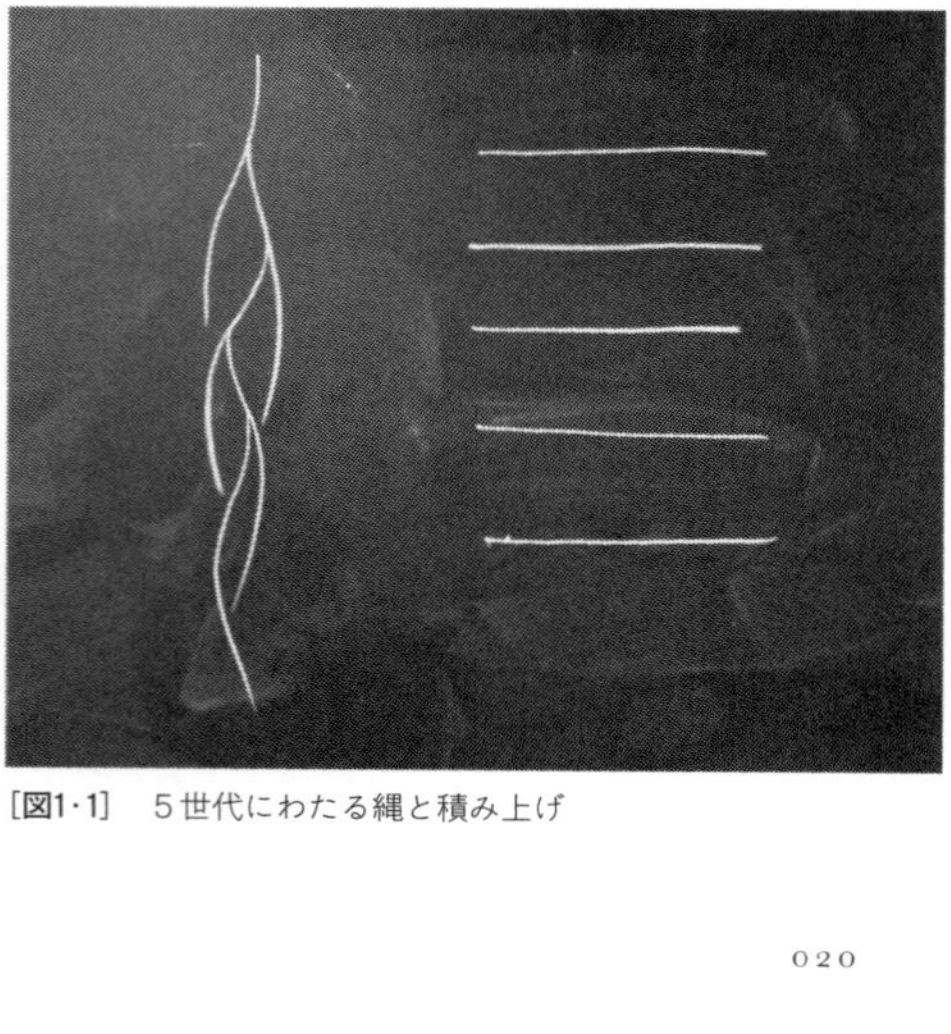

［図1・1］　5世代にわたる縄と積み上げ

がエノックをもうけ、エノックがメトシェラをもうけ、メトシェラがラメックをもうけ、ラメックがノアをもうける。[*1] 名付けられたこれらの人物たちは、セトを除いて第一子であり、とびぬけた長寿を享受し、息子と娘をたくさんもうけた。これらは力と名声を持った男たちであり、彼らにはたくさんの子孫がいて、地表に溢れていった。しかし、大地は暴力と腐敗で満ちたのだった。その次に起きたことは、ここでの私の関心ではない。私の関心はむしろ、やや古風な動詞「子をなす《ビゲット》」に引き寄せられている。ある人間がもう一人の人間をなすというのは、いったい何を意味するのであろうか？

　言葉の意味通りに言えば、それは、新たな生を流れの中に組み込むことである。それは、ある者が別の者を存在させることであり、後者がみずからの時期が来たら同じことを再びおこなうという約束の下になされる。ここには、生がリレーの要領で手渡されるという感覚があり、たとえ先行者たちのエネルギーが減衰し始めていたとしても、新しくやってきた者たちが放つ新鮮な推進力によって進み続けることができる。リレーの中では、バトンは進行方向を変えることなく、手から手へと渡される。それは、たとえば、品物の売り買いや、これから見ていくように、相続の時に生じるようなたぐいの手渡しとは大きく異なっている。言い換えれば、子をなすことに決定的なのは、子をなすことが、そのことによって生まれる生と同様の生の動きに属しているということである。子をなすとは、運び続け《キャリーオン》であって、乗り換え《クロスオーバー》ではない。そのため、子をなすとは、瞬時のものではなく、経時的なものである。子をなすのは、性交によって始まるのかもしれない。だが、それは何にもまして、両親が彼らの子孫を、そして子孫がまた彼らの子孫を**産んで**、そして**育てる**養育と気遣いの日々の仕事の中にある、延々と続く過程の始まりにすぎない。それは、運んできて、持ち上げる仕事である。

アダムと子孫の物語はしつこいほど家父長的であるが、決してユニークなものではない。世界の多くの人々は、創始者となる祖先から今日生きている世代にまで続く長い系譜を物語ることを誇りとしている。そのようなリストは、しばしば聖書の事例のように、男性の系譜をたどるが、女性を通してたどる社会もある。中には、男系と女系の両方のリストを保持する者たちもいる。しかし、そのようなリストのすべてに共通するのは、それが子をなすこと・子となることにまつわる物語が組み合わせられてできたものであることだ。人類学者はこれを、親と子の基礎的な関係、つまり「親子関係《フィリエーション》」と呼んでいる。この言葉は、それぞれ「息子」と「娘」を意味するラテン語の*filius*と*filia*に由来する。しかし両者は、「糸」を意味する*filium*が人格化された派生形である。それゆえに、子をなすことはすべて、新しい糸を導き入れることである。新しい糸は出産という仕事によって生み出され、ともに時間を過ごすにつれて、親の糸に巻きつくようになり、さらに古い糸が道を譲るにつれて新しい糸を紡いでいく。それゆえ親子関係とは、そんな糸と糸の絡みあいである。祖先たちの名前のリスト化によって系譜を物語ることは、編み込みをたどることである。実際のところ、名づけ自体が子をなす過程の一部であり、その人物を紹介し、これらの親子関係を索引に載せることである。あらゆる名前は、それが読み上げられることで物語の一部となる。[*2]

だが、親族と出自という主題に関する人類学の古典的なテクストのどれを読んでみても、このようなやり方で親子関係が描写されていることなどない。そのようなテクストは、慣例に従って、人々が小さなアイコンによって示される系図で溢れている。三角形が男性であり、円が女性である。その図が結びつけている人々のジェンダーを問題にしない関係性を示そうとする場合、菱形にするのが慣例となっている。[*3] 二つのアイコンをつなぐ直線は、関係を表する。同じ夫婦から生まれたキョウダイのように、同世代の場合、水平の線であり、次に続く世代の場合、垂直の線である。そのようにして、親子関係は、両親（母か父）と子（少年か少女）をつなぐ垂直の直線として現れる。この例を［図1・2］左側の図形に見ることができる。しかし、ここで引かれている線は生の線ではない。まったく反対に、典型的な親族のチャート上の図形の中では、あらゆる人物の生は、円、三角形、菱形のうちのどの形をしていたとしても、点の中に縮約される。この点は、系譜の枠内での位置によって固定化されていて、不動である。そしてその線は、点と点をつないでいたとしても、変更することができない分離を印づけることになる。

ここでは、子をなしえない。つまり、ある生から次の生へのリレーのような運び続け《キャリーオン》がない。生きているかぎり、親と子の距離は、一定のものであり続ける。彼らが生きている間には、実用的もしくは情動的な接触があるにせよ、そうしたことは、彼らをより近くに引き寄せることも、より遠くへ追いやってしまうこともない。寿命が与えられては尽きるのとは無関係に、彼らは、自分たちの立場を決定する計算法によって位置づけられた居場所にいる。これが類縁性《リレーテッドネス》の計算法である。この意味で、親と子が関係《リレーテッド》していると言う時には、それは、彼らの関係性の質や、彼らがどのように生をともに送っているかについては、何も語るものはない。それは、親のある特定の性質もしくは特徴が子のそれに再現されていることを伝えるのみである。このことを、[図1・2] 右側の図形と比較してみよう。この図では、両者の人生が重なりあう間に継続する親子関係の中で、親の生の中から子の生が生じてくることが示されている。ここには、乗り越えなければならない隔たりなどない。子と親の間にある距離

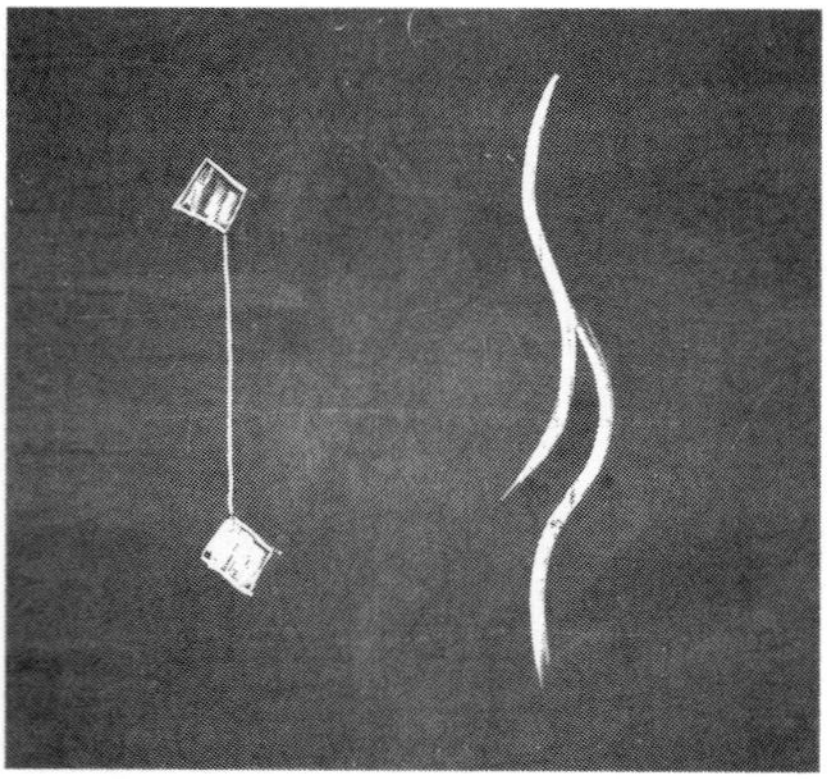

[図1・2]　親子関係：人類学的な図で描かれる場合（左）と、ある生命の糸が別の生命から紡ぎ出される場合（右）

はどんどん広がっていくが、そのことは、子どもが親の死後も生き続け、その子孫たちと結びつくにつれて、情動的な接触が徐々に減っていくように働く。

系譜学的モデル

縄と積み上げのメタファーに戻ろう。ここまで検討してきたように、縄においては、生は世代を超えて運ばれ続ける。実際のところ、重なりあう糸が非常にたくさんあるので、ある世代がどこで終わり、別の世代がどこから始まるのか言うことはできない。私たちに言えるのは、時間が十分経った後に、かつてともに走っていたひとつひとつの糸は、より最近になって導入されたものたちに道を譲るということだ。縄自体は続いていく。しかし、積み上げにおいては、あらゆる世代の生はそれ自体の層に囚われている。徐々に、そこに潜んでいるものが尽きていくにつれて、新しい層がその上に結晶化していき、そのまた上に別の層が結晶化していくということが続いていく。再生は、積み上げられた山の上に別の層を加えることによって可能となる。新しい層がひとつ追加されるたびに、以前にあったものたちは沈んでいく。それでは、ある層から別の層へと受け渡されるものは何であろうか？　それは生ではなく、生を生きるための資源——物質的にせよ、情報にせよ——である。ある世代から別の世代を切断することによって、積み上げのメタファーは根本的な非連続性を導入し、複数の世代の中で続く生を、複数の世代間での資源の伝達から切り離す。以下で**系譜学的モデル**と呼ぶものの根底にあるのが、この切断である。

もちろん、系譜をモデルにすることと、系譜を実際に生きてみることは別である。先祖の名前とおこないを物語る者たちは、誰が誰をなしたのかを列挙し、彼らの功績を祝福するのであって、創始者の先祖から今日生きている者たちへと連綿とつながる物語を語る。だが、系譜学的モデルは、関連しているが個々に分かれた一連の挿話《エピソード》として、その物語を鋳直してしまう。[*4]こうした挿話を、それ以前の物語から始まるのではなく、前回の物語の断片から書かれた脚本で、一連のシリーズを組み立てることと考えてみることもできよう。系譜学的モデルの決定的原理とは、すべての挿話において、脚本の諸要素とそれらが具現化するメッセージが、その後も展開していく物語からは**独立していて、かつ物語に先立って**与えられているべきということである。過去から受け取った素材で書かれ、今度は未来に対して素材を与えることになるにもかかわらず、各世代の物語はそれ自身のものである。このような挿話への鋳直しは、人類学の図のように、複数世代の生が一連の階層へと切り離される時に生じる。しかし、この動きは決して人類学に限られたものではない。生物学が生の系譜をモデル化する時にもまた、同じことが見られる。

チャールズ・ダーウィンは、種が出自の系統に沿っていかにして適応的な変化を経験するのかを説明するために、自然選択の下での変異の理論を提案した。それ以来、進化生物学者は、あらゆる有機体が生まれてそれ自身になる、つまりそれ自身のライフサイクルと一致する挿話を演じると考えてきた。このこと、つまりはっきりした存在に具体化していく動きは、発達もしくは**個体発生**として知られている。しかし、個体発生は時間を要するが、挿話的な現在の中で展開する。その理論によれば、有機体が未来の挿話に寄与するのは、その生ではなく、生殖を通して子孫へと伝達される一連の諸特性である。そして、挿話のための脚本が、そのような諸特性から組み立てられ、今度はその脚本を子孫たちが生きて現実化させることになる。突然変異と遺伝子組み換えという偶発事によって、諸個体は、特徴を表す厳密なプロフィールに差異を生じることになり、そのことがそれぞれの繁殖として帰結する。ある血統の中で栄える特徴もあれば、縮小したり消滅したりしてしまう特徴もある。その結果として生じる、数多くの世代にわたって形づくられた変化は、進化生物学者が**系統発生**と呼ぶものに相当する。だから、[図1・3]に示されているように、個体発生がそれぞれの世代の中に限定されている一方で系統発生は複数の世代を横断している。前者は生の過程であるが、世代間的《インタージェネレーショナル》ではない。後者は世代間的であるが、生の過程ではない[*5]。

個体発生と系統発生の間にはこうした区別があるのだが、その区別は、ひとつの世代から別の世代へと、ある脚本の諸要素を複製するための何らかのメカニズムがあることを前提としている。そして、そのメカニズムとは、様々な組み合わせで**脚本の諸要素が運んでいくとされているの生の歴史の挿話とは別である。**二〇世紀中盤の進化生物学者にとって、このメカニズムを発見することは、聖杯の探索に等しかった。その聖杯さえあれば、ついに生命の秘密が解き明かされるのだ。DNA分子の構造が発見されたことで、多くの人々はようやくそれが見つかったと信じた。注目に値するこの分子が持つ明白な能力は、ヌクレオチドの長い配列の中に情報をコード化するだけでなく、細胞質基質内でそれ自身のほぼ完全な複製をつくることもできるというものであったが、それは、求められていたものにピッタリと当てはまっていた。これによって、系譜学的モデル化の抽象的で準＝数学的な作業が、実験室科学の具体的なスローガンを帯びるようになった。自然選択理論と集団遺伝学のいわゆる新ダーウィン主義的な統合は、

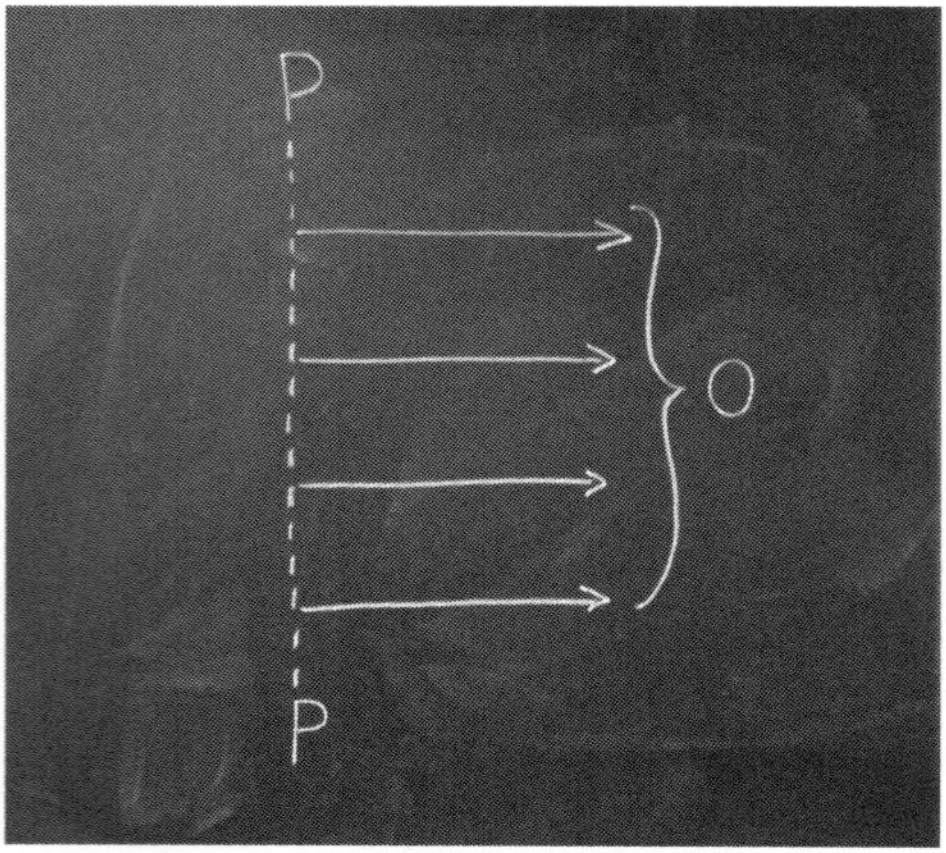

［図1・3］　個体発生（O）と系統発生（P）

その推進者たちにとってついに正当化されたのである。実際、彼らは強く確信していたので、この学派のうちの一人でノーベル賞を受賞した生化学者のジャック・モノーは、一九七〇年に初めて出版された本の中で次のように宣言することができた。「こうした考えは改訂されるべきであるとか、もしくは、改訂されうるだろうなどという仮定（あるいは希望）を保証するものは何もない」[*6]。

それでもなお、新ダーウィン主義理論には、DNAの複製がライフサイクルを越えて諸特徴をコピーする唯一の方法であると決めつけるものは何もない。心理学者たちは、新ダーウィン主義の原理を文化の基礎をカバーするように拡張することに熱心であって——とりわけ人間にとってそうであるが、より狭い範囲では他の動物にとっても——、コピーされることになる脚本内の特定の諸要素は、分子の中にコード化されるだけでなく、言葉やそれに相応する象徴もしくは行動の中にさえ、コード化されるかもしれないとまで述べるだろう。だが、これらの諸要素が次世代でどのように複製されることになるのかを説明するために、彼らは学習の理論を必要とした。動物の行動を学ぶ者は概ね、学ぶことを、個体発生的な発達の一側面として扱ってきた。動物は、環境の中での実践と経験を通してみずからの行動を調整することによってみずからの世代の中で学習すると彼らは仮定していた。だが、生の条件から独立して、遺伝以外の方法により世代を**超えて**情報をコピーするにはまったく異なる種類のメカニズムが必要となる。心理学者らは、系統発生と個体発生の区別を反映させながら、生涯の経験による「個体学習」とは異なるものとして、それを「社会的学習」と呼んだ。個体は他者を**見習う**ことで生涯にわたって学習すると主張する一方で、社会的学習は**模倣**によって起きるというのだ。[*7] この区別を保証するのは、系譜学的モデルという、それとまったく同じロジックなのである。

相続と持続性

このロジックによれば、ある世代は別の世代を生む《ビゲット》ことはできない。すでに見てきたように、子をなす《ビゲッティング》とは、それが生み出す生と同じ生の動きに属している。それは、運び続け《キャリーオン》である。だが、系譜学的モデルの論理では、世代の継承がこの動きを横断する。そのようにして、それぞれの世代が先行世代から受け取るのは、生ではなく遺産である。つまり、それぞれの世代が相続するのだ。そして、そのように譲渡されるものは何であれ、相続される側の生から切り離され、相続する側に受け渡されるか、言葉の意味通りに伝達されるというのが、相続の条件なのである。法律ではこのことに、土地、所有物、権利が含まれるだろう。だが相続の概念は、通俗的な用法において、親や先祖に由来するとされる顔つきや気質の諸特徴にまで容易に拡張されたのである。それゆえ子どもは、父親の気質や祖母の目を「相続」するかもしれないのだ。

後になって、その術語は、他では形質として知られている、顕在的な特徴が世代を超えて繰り返すことを記述するために、生物学と心理学の公式言語の中に入り込んだ。でも厳密に言えば、形質は完全なまま受け取られ、あらゆるライフサイクルが始まる際にすでにできあがっているのではない。そうではなく、毎回一から発達することになる。要するに、形質それ自体は相続可能ではない。では、個人は**いったい**何を相続するというのだろうか？

生物学者であれば、遺伝子の概念を仮定することで答えるだろう。形質が譲渡の時点で完全なまま受け取られるのでなければ、突然変異という事故を防ぎながら、形質を築くための遺伝子が遺伝の分子的な原材料の中にコード化**されている**というわけだ。心理学者は生物学者の顰《ひそみ》に倣って、遺伝的ではなく模倣によって伝達される情報の一片として理解されるミームという類似概念を発明するだろう。それぞれ、遺伝的、ミーム的という相続の両輪に沿って、変異と選択によって進行する「遺伝子と文化の共進化」の統合モデルを大きなファンファーレとともに提案する者もいる。[*8] もしその考え方が正しいとすれば、顕在的な特徴は、遺伝子とミームの組み合わされた結果である。これに満足しなかった者たちが、さらに他の二つとともに作用する「生態学的な相続」という遺伝の第三の軌跡を提案したのだった。彼らの議論は、有機体は与えられた環境にそのまま適応するのではないというものである。有機体は、「ニッチ構築」の活動を通して環境を改変する――たとえばダムをつくるビーバーや耕作のために土地を切り拓く人間の農夫のように。これらの改変は、その作り手よりも長く残り、子孫らの生の条件の一部として継承されもする。個体発生が系統発生から区別され、見習うことが模倣することから区別されるのと同じように、この見方では、ニッチ構築はそれぞれの世代の内側で生じることになる。つまり、世代と世代の間の生態学的な相続である。[*9]

遺伝的なものであれ、文化的、生態学的なものであれ、このように相続に訴えることの中には呪術的思考が潜んでいる。なぜなら、それは、あたかも形と意味を生み出す過程そのもの抜きで伝達できるかのように、何もないところから手品のように、それらを取り出すからである。[*10] たとえば、DNAの分子はそれ自身では何もコード化しない。もし遺伝子の中にメッセージがあるのだとすると、それは後に起きる発達の結果から遡ることによってのみ読み取ることができる。同様に、ミーム理論が前提とするように、単語や他の行動的な記号は、意味が事前に添加された状態で出てくるわけではない。むしろそれらは使用する際に、つまり世界の中での効果から意味を集めてくる。ルートウィッヒ・ウィトゲンシュタインが『哲学探究』の中で述べているように、それらは道具箱の中に入った道具のようなものである。[*11] 道具は、使い方を学ばなければならない。ある仕事を習おうとしている見習いにとって、このことは、すでに獲得された操作的スキーマをたった一人で試してみることを意味しない。むしろ、彼らは師匠、つまり仕事を実演してくれる者とともに働かなければならないのだ。他の者たちは綿密に観察し、自分自身で仕事のコツがつかめるよう、みずからの観察と動きを同調させていく。模倣することと見習うことは、ここでは同じことである。それゆえに、技能は相続できるようなものではない。それらは、世代間の共同作業の過程の中で生産されたり、再生産されたりすることが可能になるのだ。

改変された環境についても同様である。すでに確認したように、人間の農夫はきわめて優秀なニッチ構築者である。あなたが農家出身であると、ここでは仮定してみよう。あなたの先祖たちの世代が農場で働いてきて、この度、あなたは権利証書で定められた条件の下で相続することになった。しかし、これらの文書が描いているのは、法的なフィクションである。それは不動産であり、測定可能な広さを持つ所有物として提示される。だが、あなたは両親や祖父母とともに農地で働いてきたので、**ほんとうの**農場はそんなものではないことを知っている。それはむしろ、年がら年中たゆまぬ配慮を要する大地と作物の母胎であり、現在と来るべき数世代にわたって、たぶん実を結ぶものである。仕事は決して終わることなどない。放蕩者の子孫が農場を荒廃させてしまう時には、相続のみで世代間の安定性が約束されることにはならない。建物の完全性、農地の状態、排水の効率性によって評価される安定性は、生産的な仕事を通して積極的に維持されなければならない。結局のところ、生活することができる生産的な環境としての農場を可能にしているのは、その資産を相続することによってではなくて、農業の労働過程が続いていくことによってなのである。

それゆえに、実際のところは、生の技術も生産的な環境もどちらも相続されるわけではないのだ。むしろそれらは、持続する。相続とは、ある世代の生と別の世代の生との間に切り込みを入れるのだが、持続とは、複数の世代が重なりあう中で続いていく生の過程である。哲学者アンリ・ベルクソンが言うように、私たちは持続の中に「それぞれの世代が後に続く世代によりかかっている」のを見る。[12] 私たちは持続を農場の仕事の中に、徒弟制の中に、子どもに対する親の愛情の中に、子をなす仕事の中に見る。ベルクソンにとって、ここに生の本質、**生命の飛躍**《エラン・ヴィタール》がある〔訳注：『創造的進化』でベルクソンが展開した概念。全存在の根底にエネルギーの源泉としての「生命の飛躍」を置いた〕。みずからの奇術に惑わされてしまったダーウィン主義者の主流派は、複数の世代がそれらをつなぐ相続という絆そのものによって分け隔てられてしまっているために、情動の面で互いの層に立ち入ることはできず、そのため情動は、個人の経験に限定されていると信じ込まされてしまっている。そのような者たちにとって、エラン・ヴィタールは危険な妄想である。だが、私たちにとっては、それは、相続から子づくりへの、複数の世代《ジェネレーションズ》の行軍から生の再生《リジェネレーション》への回帰を示すことになる。他の追随を許さないベルクソンの言葉によれば、個々の有機体はすべて、「その両親が組み合わせられた身体の上に生え始めた芽に過ぎない」[13]。生が終わりなく続いていくにつれ、その身体から他者が芽吹くのだ。ついに私たちは、縄にまで戻ったのである。

第2章　人の生涯《ライフコース》をモデル化する

年を取り、子をなす

生は、あなたをいくらかでも先祖たちに近いところへと連れていくのだろうか、それとも彼らからさらに遠ざけるのだろうか？　あなたは彼らの足跡をたどっていくのだろうか、それとも断固として別の方向に向かっていくのだろうか？　先祖たちはあなたの前にいて、未来に向かって手招きしているのだろうか、それとも、彼らは取り残されて、過去へとさらに退いていこうとしているのだろうか？　また、あなたの子孫たちはどうなのだろうか？　彼らはあなたのすぐ後ろについてきているのだろうか、それともあなたをすでに追い抜いていて、あなたは彼らの後ろを追いかけるようになっているのだろうか？　どちらの方向がより若く、またどちらがより年老いているのだろうか？　これらは、当惑させるような問いである。私はすでに、世代の経過を巻きつく縄に喩えた。その縄では、あらゆる生が撚り糸なのだった。今度は、この類推から私たちの探求を始めてみよう。私たちは縄が、少なくとも今までのところ巻かれてしまっている限りにおいて、それが、指の間を通り抜けるようにして、誰がどの息子をもうけたのかという物語を語りながら、次から次へと先祖の名前を挙げていくままにすることができる。それらの名前は、最も古い先祖が先頭に来て、後の者たちがそれに続くように一列に並べられている。まさしく文字通りの意味合いで、縄とは**記録**《レコード》［訳注：re-cordは巻かれた紐という意味でもある］、つまり再び巻かれた記憶なのである。確かに、その語りは、生と同じように、過去から現在へと流れていき、ロープが巻かれるのに従って、未来へと続いていくことが見てとれる。

実際のところ、外側から見ればそのように見えるかもしれない。だが、内側から見てみると、何が起きるだろうか？　あなたが撚り糸の一本になったと想像してみよう。人生を歩んでいくにしたがって、年老いていき、背後に道を残していく。その小道をひと続きの足跡として思い描いてみよう。足下から糸が繰り出され、最も古い足跡は最も後ろに退き、新しいものがそれに続いていく。常に前にいるのはあなたの先祖たちである。彼らは、同じ方向に進み続けてもらうように、あなたにバトンを手渡した。彼らは、あなたがこれからいることになる場所にもうすでに今の時点でいて、あなたが進んでいる未来に向かって立っている。そして、後ろからは子孫たちがやって来ていて、彼らはずいぶん昔にあなたがいた場所に今足を置いている。彼らは過去を表している両者の間には、年を取る過程がある。しかしこの過程は、系譜の語りのそれとは正反対の方角に進んでいく。なぜなら、先祖は今や前にいて、子孫は背後にいることになるからである。それは、あたかもあなたが列に並んで立っているようなものであって、縄がどんどんと巻かれていくにつれて、小さな歩幅で前に進んでいくのである。[図2・1]で示そうとしたように、**年を取ることは、子をなすことの逆である。**

「列に並ぶ queue」という言葉の語源は、この視点をひっくり返す手がかりを与えてくれる。それは、「しっぽ tail」を意味するラテン語の *cauda* に由来し、当初は、植物の茎や編まれた髪の毛に、そしてその後、みずからの順番を待つのに列を作っている人たちを表すようになるまで意味が広げられてきた。それゆえ、年を取ることが、子をなすことをひっくり返すように、列に並ぶことは、しっぽをひっくり返すものである。では、列の中にあなた自身を入れてみよう。先行者たちは前にいて、後続の人たちは後ろにいる。もちろん、これらの人々のうちのすべ

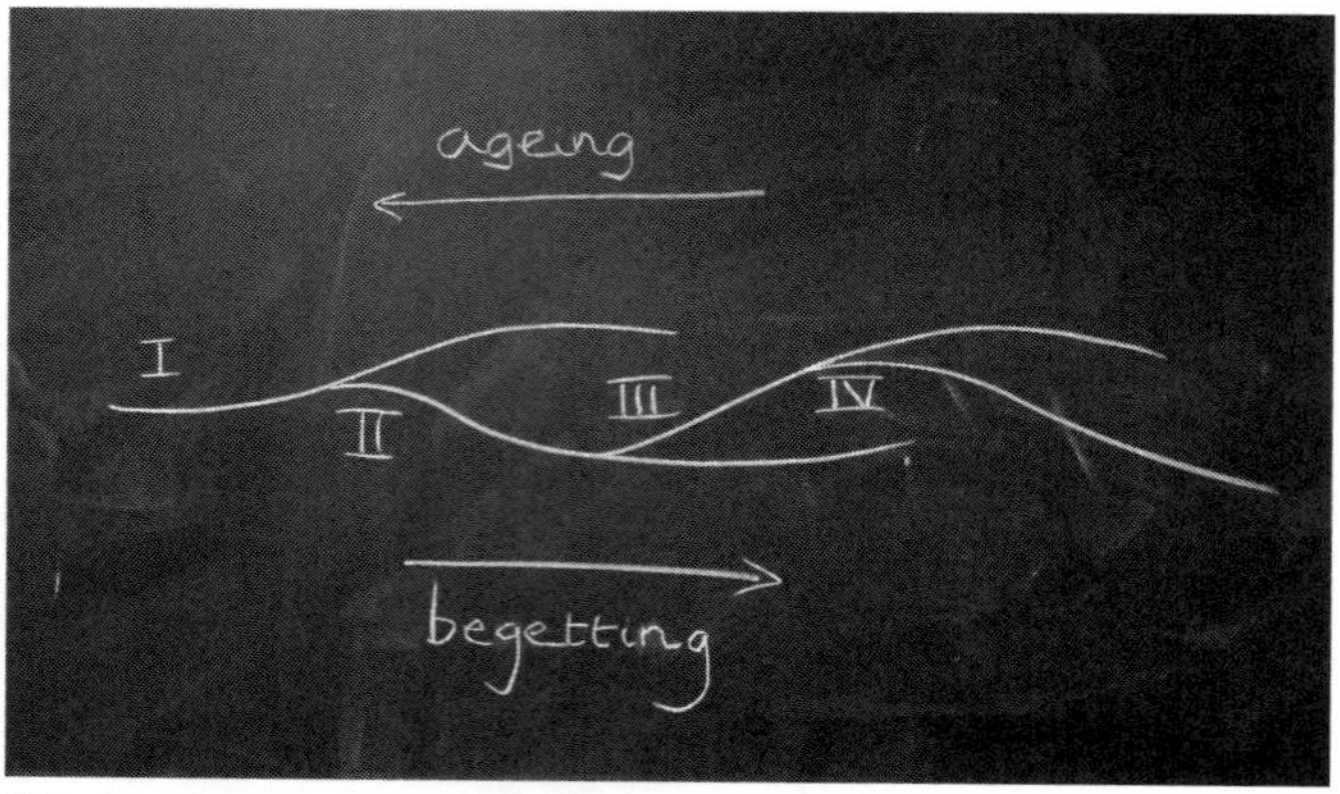

[図2・1] 年を取り、子をなす(ローマ数字は連続する親子関係を指す)

てがいまだに、あるいはもはや、直接的に知覚できる世界に生き、存在しているわけではない。でも、「去ってしまった」人たちでさえも——傍観者の観点から言っているに過ぎないにせよ——、彼らの後からやって来る人たちに恩義《ホールド》を与え続けることになる。まだ生まれて来ていない者たちが、あなたやあなたの同時代人から恩義を受ける《ビホールデン》ように、後からやって来る人たちは、先を行く者たちの世話になっている。あなたが、子孫たちがやって来るのを待つ間も、先祖はいまだに手招きをしている。その間、他のすべての人たちと同じように、あなたは生をなんとかやりくりするし、そうであるにもかかわらず、あなたが近づいていくやいなや、地平線のように退いていってしまう未来へと向かう歩みの中で、みずからの日々を測ろうとする。でも、一八〇度方向転換せよと命じられたと、考えてみよう。いったい、どうなるだろうか？

すべてが変わってしまうのだ。なぜなら、かつてあなたの前にいた人々は、今やあなたの後ろにいて、あなた自身はかつて後をついてきた人たちに向き合うことになるからである。［図2・2］の上段に素描されたように、かつて先祖の道に沿って彼方へとずっと伸びていた未来は、今ではあなたに向かって衝突するような軌道で進んできていることになる。その間、あなたが今や背を向けた先祖たちは、さらに過去へと退いていく。彼らの時間は終わってしまったのだ。［図2・2］の下段に示された、この向きを変えるという行為それ自体が**現在に対する領有権を主張する**。現在とは、手をあげろ《ホールドアップ》、つまり時が過ぎ去るのを捕縛し、静止状態に持ち込もうとする試みのことである。しかし、どの世代も、永久に自身の領土を保持することなどできない。いずれは、次世代からの圧力があまりにも強くなり過ぎて、世代は道を譲るために、脇に押しのけられるか、前に進んでいくことを余儀なくされる。次世代は、すぐさま前の世代と同じことをして、先行者たちに背を向け、自分たちの子孫たちに顔を向ける。世代は、向きを変える瞬間、新たな現在のために立ち向かうことになる。それゆえに、それぞれの世代が、みずからのために現在を求めるいくつもの世代の転換点の断続的な連なりとして、歴史が再び現れる。

　列に加わることは、私たちが伝統と正しく呼んでいるものを守ることである。なぜなら、伝統《トラディション》——リレーでのように「手渡すこと」を

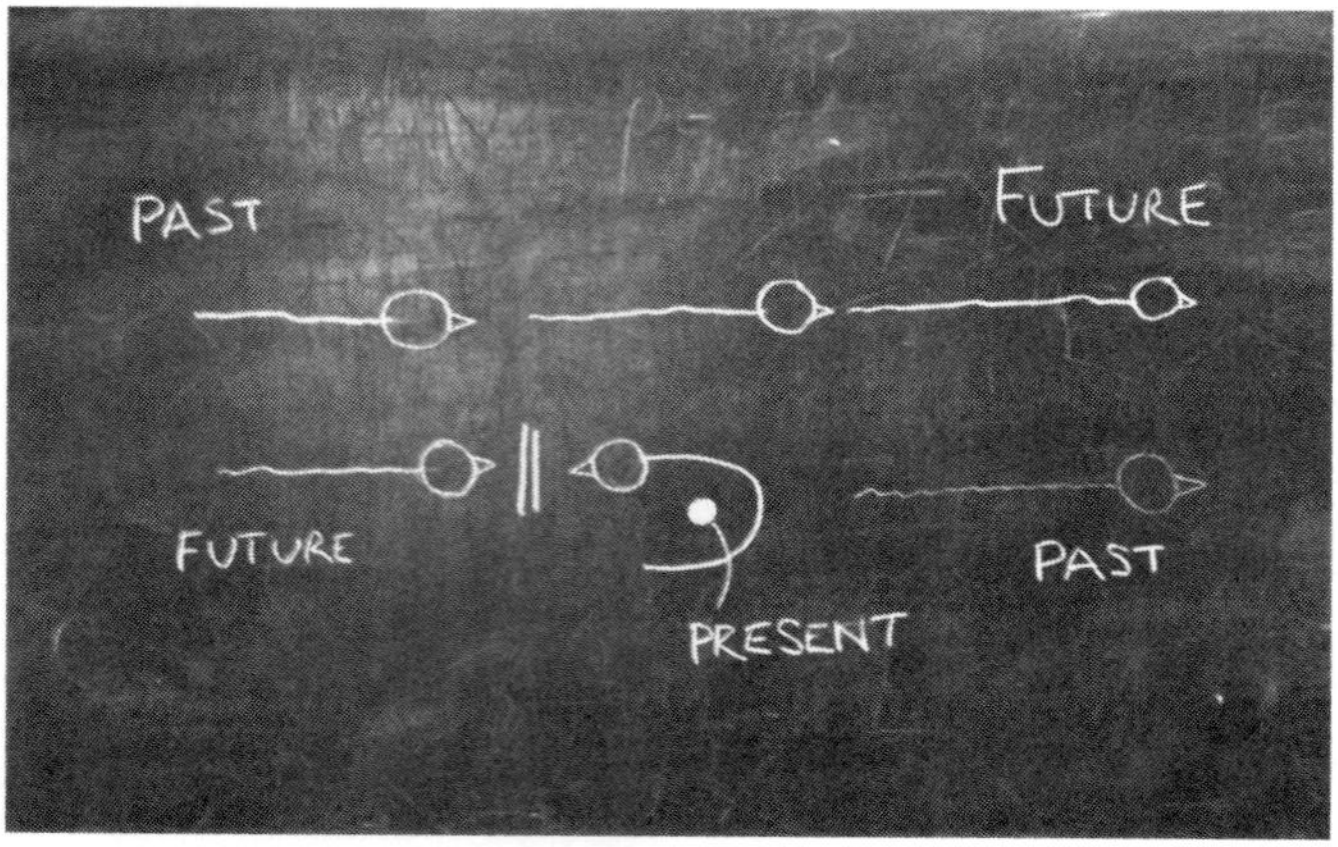

［図2・2］　現在における方向転換と未来の過去

意味するラテン語の *trādere* に由来する――の適切な意味は、過去に生きることではなく、未来に向かって、先行者を追いかけることであるからだ。もしかしたら、古い道をたどり直すことになるかもしれない。だが、たどることはすべて、そのたびごとに従わなければならない新しい動きなのである。それは、物語を語ることについても同様であり、なまのパフォーマンスの方向が、時間的な語りの流れの中でひっくり返されることになる。言葉があなたの唇からこぼれ落ちていく時でさえ、言葉は、前に進んでいくあなたの動きのスリップストリームへと退いていく［訳注：スリップストリームとは、高速で移動する物体は強い空気抵抗を受けるが、その真後ろに生じる空気抵抗が弱まる箇所のこと］。そのため、厳密に言えば、伝統に背を向けることは、すでに過ぎ去ってしまったものを手放してしまうことではない。それはむしろ、伝統が未来のために提供する約束を否定することである。言い換えれば、伝統の「過去性」は、ア・プリオリに与えられるものではなく、現在の領有権を主張するという、向きを変える行為それ自体によって生み出されるのだ。さらに、これと同じUターンは、いまだに伝統的なやり方に従っている者たちの観点からは、すでに定められている目的の最終性のために、後ろ向きとまでは言えないまでも、止まることのない始まりの可能性を犠牲にすること以外の何ものでもない未来を創造する。それが、近代のやり方なのである。

これは、時計で時間を計るやり方である。つまるところ、時計はなぜチクタクと音を立てるのか？その旋回する動きは、常に戻ろうとするバネの生命力もしくは引力で、地面に引きつけられる振り子の重さによって駆動されており、歯止めによってガンギ車の歯車上で定期的に止められた後に再び解放される。私たちが耳にするチクタクという音は、歯車と歯止めがかみ合う音である。時計が計測する時間は、バネが戻ることにではなく、チクタクという音によって毎回印づけられる一連の停止の中に潜んでいる。だから、同様に、［図2・3］に図示されているように、複数の世代は前進する動きを細かく刻まれた一連のエスケープメント［訳注：歯止めによって止められた動きが解放されること］へと変換することで時間を印づけている。生に関して言えば、時間に関するのと同様に、流れるものが、つっかえながら動くのである。生が抜け出る時には、全体が一目盛り分動くことになる。

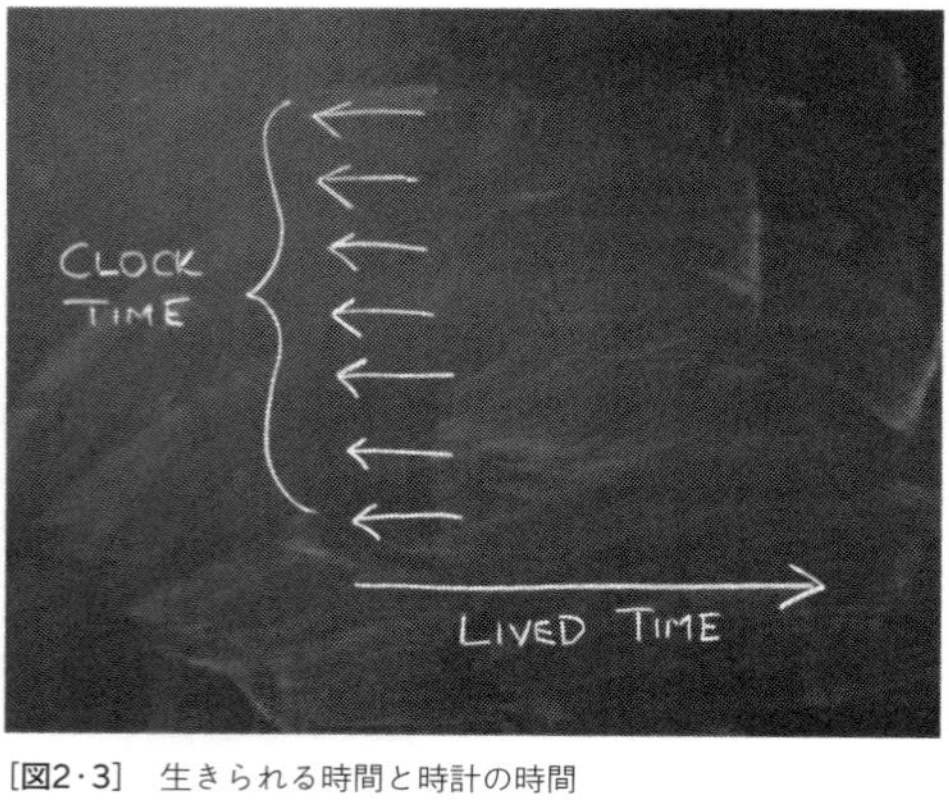

［図2・3］　生きられる時間と時計の時間

先の世代は、未来へと進むどころか、過去の忘却へと消え去っていく一方で、来るべき世代は、現在における場所を占めるために片足を移動させる。そのため、過去に背を向けたあらゆる現在の世代は、未来への門番という位置につく。

それが、新しいもので古いものを取り替えなければならないという強い強迫観念がある理由である。そのことは、時間が過ぎ、歴史がつくられていることを証明する。実際、段階的変化という考え方ほど近代の想像力を捉えているものはない。なぜなら、現在の目からすれば、未来はたどられるべき道というよりも、解決されるべき問題としてみえるからだ。今や過ぎ去ってしまった先の世代によって解決されてしまっているのなら、現在の世代がすることは何もなくなってしまう。そうなれば彼らは事前にマッピングされたプロジェクトに従うだけになる。そのようにして従っていくことは、彼ら自身のものと呼べるあらゆる未来を放棄するのに等しい。したがって、現在による未来の所有は、過去が間違っていたという前提に依拠している。過去からの道は誤りで敷き詰められている。これが近代におけるデフォルトとなっている。私たちは常に先人よりも物知りである。科学技術においては、私たちは私たち自身の発明によって置き換えるために、先人の憶測を斥ける。建築では、最新のイノベーションを支持して先人の設計を放棄する。教育では、古い秩序を捨て、新しいものへと学生たちを教え導くのだ。

しかし、現在の解決策も同様に誤りであったことがやがて判明することは、避けられない帰結である。そして、これらの解決策を提案した世代——つまり私たちの世代——は過ぎ去るが、先の世代のものと同様、それらを適用した影響は残ったままであり、心と精神だけでなく、私たちの周りの世界に対して永続的な傷跡を残しかねない。そのため、どの世代も、過去の世代によって提案されたが、今では時代遅れになってしまった未来の廃墟——おそらく半端にしかできあがっていなかったために、次の世代に道をあけるために取り壊される廃墟——の中で生きる運命にある。もしあなたが天上界の存在で、永久的に、こうしたかつての未来がひとつずつ歴史の中に入っていく門番をしているのだとしたら、現在に未来が次々と衝突して瓦礫と化す巨大な堆積物を目の当たりにするだろう。その時あなたは画家パウル・クレーによる一九二〇年の絵画に描かれた有名な歴史の天使「新しい天使」を人格化したものになる［**巻頭の口絵参照**］。その絵は、哲学者で批評家のヴァルター・ベンヤミンによって一年後に購入されている。ベンヤミンは、ナチズムからの逃亡者として自殺する直前の一九四〇年に書かれた断片の中で、次のように天使を描写した。

彼は顔を過去のほうに向けている。私たちの眼には出来事の連鎖が立ち現われてくるところに、彼はただひとつの破局《カタストローフ》だけを見るのだ。その破局はひっきりなしに瓦礫のうえに瓦礫を積み重ねて、それを彼の足元に投げつけている。きっと彼は、なろうことならそここにとどまり、死者たちを目覚めさせ、破壊されたものを寄せ集めて繋ぎ合わせたいのだろう。ところが楽園から嵐が吹きつけていて、それが彼の翼にはらまれ、あまりの激しさに天使はもはや翼を閉じることがかなわない。この嵐が、背を向けている未来のほうへ彼を引き留めがたく押しやってゆき、その間にも彼の眼前では、瓦礫の山が積み上がって天にも届かんばかりである。私たちが進歩と呼んでいるもの、それがこの嵐なのだ。[*1]

絶望の感覚が手に取るようにわかる。すべて進歩の名の下に、幾世代にもわたって課されてきた究極の解決策という大惨事の連鎖からの休息はありうるのだろうか？　私たちの後継者たちが今まさに入り込もうとしている世界に対して、私たちの設計を投影することによって、私たちに近づいてくると認識されている未来を築こうとする限り、その答えはひとえに「否」である。私たちは、脱進機構《エスケープメント・メカニズム》が、際限なくつっかえながら音を鳴らし続けるのと同じ運命にあるのだろう。結局のところ、つっかえながら音が鳴ることは、進歩が停滞している兆候ではない。それはむしろ、後ろに進んでいく運動が絶えることなく蓄積することによって、進歩が作動する方法である。さもなければ、なぜショベルカーやクレーンが、時計と並んで近代を象徴する道具になるというのだろうか？　ショベルカーは、拾い上げ、たどるものが何も残らないほどに、過去に介入してきたものの残渣《ざんさ》を地面から一掃する。クレーンは上空から新しいものを積み上げる。だが、天使は先祖の道をみつめている。彼は未来永劫の再生を約束する伝統の道を取り戻すことを切に望んでいる。近代の破局的な転回を改めて、すでに去ってしまった者たちの光と生によって今一度導かれること。ベンヤミンにとって、「死者たちを目覚めさせる」ことは、まさにそのようなものなのであった。

もし私たちが天使の視線を追ったら、いったいどうなるだろうか？　彼は未来に背を向けて過去に向き合っているように見えるかもしれない。だがそれは、現在を軸足としながら、プロジェクトとして未来を投げ入れる私たちの視点から見たものに過ぎない。天使自身は現在の領有権を主張しないが、あらゆる瞬間が未来にとって過去となる時代を切に望んでいる。出来事の展開に幻滅しながらみつめる彼の目は、私たちの先祖と背中どうしを向き合わせるのではなく、同じ方向を向くように忠告する。私たちの生と先祖の生が重なりあう中で、私たちは前に進む道を探すために先祖に対抗するのではなく、先祖とともにやっていくことができる。重要なことに、それは、後戻りや無気力のための処方箋ではない。先祖に従い続ける人々は、遅れているわけではない。彼らは過去に囚われており、歴史から取り残されているという信念は、彼らの抑圧、あるいはさらに悪いことには、彼らの殲滅《せんめつ》を正当化するために、あまりにも頻繁に持ち出されてきた。これまで見てきたように、それは、伝統を私たちの後ろに置くことから来る信念である。前を向いて伝統**とともに**やっていくことは、別のものを約束してくれる。それは、想定された終わりに収斂《しゅうれん》していくものとは違って、それ自体の中に永遠の約束を含んでいる未来を開くことである。

釣鐘曲線

みずからのものとして現在をつかみ取っているどの世代も、過去から未来に年老いていくという着実な進行を阻む。それは、指示によって、［先祖から子孫までが並んでいる］列を横切るように突破することができない障壁を設け、適切な角度で両断する。若者と老人は、今や取り返しのつかないほど両極に分断されてしまったことに気づくことになる。若者にとって、現在は、彼らがやって来るのを阻んでいる。老人にとって、現在は、彼らの死を撤退として投げ入れ直す。若者と老人の間にあるこの分断は、近代の大いなる悲劇のひとつだと私は考えている。もしかしたら、その悲劇の大きさを私たちが痛感するためには、二〇二〇年から二〇二二年にかけてピークを迎えたパンデミックの数年間が必要だったのかもしれない。ロックダウン期間中に課された厳しい制限のため、幼な子たちや最高齢の者たちは隔絶され、対面で会うことができなかった。誕生は祝われないまま、死は悼《いた》まれないままだった。しかしこの緊急事態は、すでに存在していた分断を強調しただけだった。というのは、多くの場合、祖父母と孫は、別々の世帯で、さらには別々の施設に離れて暮らしていて、たまに訪問して接触を新たにするくらいだったからである。それは、あたかも両者の間にくさびが打ち込まれたかのようだった。そのくさびとは、現在の世代のことである。それは、若者と老人の間に打ち込まれたものであり、本書ではこれ以降、「現役世代《ジェネレーション・ナウ》」と呼ぶことにする。

現役世代の人々は、仕切り屋である。時間と歴史をめぐる分け前を手にした彼らは、自分たちの世界制作に忙しく、その日の出来事に夢中になるあまり、年長者や年少者にはほとんど注意を払わない。老人たちは、すでに日の当たる場所を楽しんだのだから、衰退の時期に向かって、潔く身を引いてゆくべきだと彼らは考えている。反対に若者たちは、すでに彼らのために用意された未来に直面するために、速度を上げながら育てられる必要がある。その結果、生の流れに特有の屈折が与えられる。それは、[図2・4]のように釣鐘曲線の形に見えるし、大まかに三つの局面に分割されている。第一の局面では、若者の精神の能力が形成され、これから出会うことになる新しい世界でやっていくために知る必要のあることでいっぱいになる。第二の中間局面では、世界形成のための力が頂点に達する。よく言われるように、誰もが「自分の可能性を最大限に発揮する」ために一生懸命働く。だが、こうした可能性が尽きてしまって、それ以上何も提供できなくなってしまうと、能力が衰え、彼らの知識がますます陳腐なものとなっていくのにつれて、劣化と衰退の最終段階へと突入する。*2

　曲線の底辺からの高さによって、いったい何が測られているのだろうか？　知力の素晴らしさ？　可能性を実際の力へと変換すること？　それとも知識なのだろうか？　これらのいずれでもありうるだろう。だが、この曲線で測れないのは知恵である。後にわかるように、*3知識＝**でないもの**の中にも知恵がある。賢者は知らないかもしれない。だが彼らは、次のような両方の意味で**語る**ことができる。賢者の注意は、みずからの生の様式にとって重要である環境内の変異にあわせて、細やかに調整される。そして彼らはとりわけ、そ

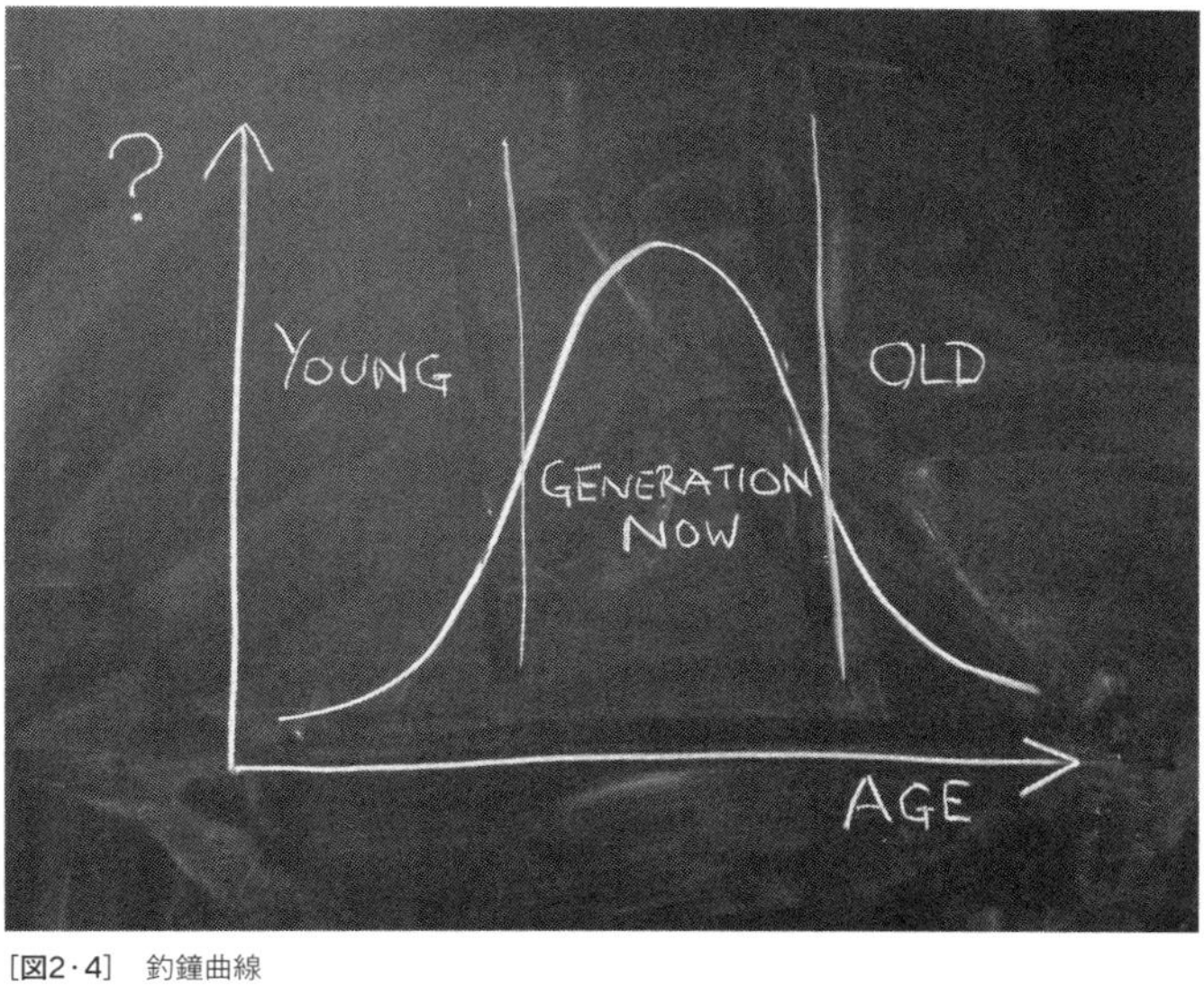

［図2・4］　釣鐘曲線

の活動によって世界を今ある形にした先祖の存在者たちの世界の物語を含む、世界の物語に精通している。今日私たちが「先住民」と呼んでいる人々――でも、昔であれば、暮らしが大地と水系に拠っていたほぼすべての人々がこれに含まれていただろう――の間で、若者たちは、長老たちが語る物語を聞き、彼らの実践を観察して育ったものだった。そうして、自分自身の経験を経る中で、物語の意味を発見し、注意を向けるための技術を磨き、やがては、みずからが語り手と実践者となっていく。世代間の協力の中で物語が受け継がれ、技術が再生成されるので、第1章で見たように、このことは、相続ではなくて、持続なのである。

人類史の大部分で、まさしくこれこそが、生が営まれるやり方だった。老いも若きも一緒に働いて年を重ねていった。しかし、今日では概して、それは当てはまらなくなってしまっている。一体何が起きたのだろうか？　中間世代の強力な代理人たちが、進歩の名の下にすべて、強制的に、時には暴力的に、子をなすことの縄を断ち切って、子どもたちを年長者の下から引き離したのは、どうしてだったのだろうか？　老人の知恵を、過ぎ去ってしまった過去に割り当て、他方で若者たちを、知識に欠けた、自分自身の手で形づくることができない未来に向けて教え導くことが必要な空っぽの容器として扱うほど、現役世代を世界制作への熱意に駆り立てたものは何だったのだろうか？　答えは容易には見つからない。おそらく、資本主義によって家庭内生産様式が浸食されてしまったこと、教育の機能が家庭から国家へと再配置されたこと、そして先住民の場合には、植民地的な抑圧が大きく関係しているのだろう。[*4] しかし確かなのは、現役世代には物語のためや、技術のための時間などほとんどないということである。これらは、遺産を舞台に乗せることで若者を楽しませ、老人をノスタルジアの逃避に溺れさせるためだけに保存されている、伝統的なものだと現役世代は言う。

なぜなら、現役世代は目標達成主導型だからだ。彼らには、みずからの目的と手段がある。だが、進歩的な発展という野望によって、彼らの目的が拡大するにつれて、その手段は縮小していく。現役世代の短期的な目標には、すでにその視野に入っている未来を超えて生が持続する証は何もない。彼らは、喫緊の環境危機に直面して、地球工学による永続的な解決か、あるいは取り返しのつかないほど傷ついた地球でなんとかやりくりして生を営む人類の大部分を置き去りにしたまま、他の惑星にある新しい資源の宝庫を見つけるかのどちらかを夢見る以外の答えを持ちあわせていない。どんな競争にせよ、勝者よりも敗者のほうがはるかに多く、成功をおさめた賢明な個人一人につき千人が失敗をしている。だが、なんとか続いていき、来るべき世代に希望を与えるような世界は、一部の人たちのためにあり、その他の人たちのためにはないということはあってはならず、ましてや選ばれた数人のためだけにとっておかれたりするものであってはならない。そこでは、いついかなる時にも、誰にでも、どのようなものにでも、余地が与えられなければならない。そのような世界をもたらす方法は、たったひとつしかない。

それは、現役世代の支配を緩めることであると私は主張したい。現在、世界制作の任務から排除されている若者と高齢者がもう一度協働して、集団的な生の条件を築くことができる社会を、はたして私たちは思い描くことができるだろうか？

生と死

私たちはたぶんシベリア極北東部の先住民チュクチから教訓を得ることができるだろう。チュクチ語には、*vaʼirgin* と *unatgirgin* という私たちが「生」または「存在」を指すのに使う二つの単語がある。しかし、それらの意味は微妙に異なっている。*unatgirgin* は、私たちの周囲で出会う存在者や事物に関係している。他のすべてのものと同じように、それぞれがそれ独自の道に沿って存在し、時間の中を生きている。だが、それは、生や存在それ自体である永続的な創造の運動の一種のねじれ、もしくはとぐろを巻いていることとしてのみ存在する。このとぐろを巻いていることが *vaʼirgin* である。人類学者ジャネット・リュケガルドがカムチャツカ北部のアイチャヴァヤムに住むチュクチの村人の生と死に関する感性豊かな研究の中で述べているように、*vaʼirgin* がなければ、「人間も木も川もない。獣や太陽もない」[*5]。諸々の事物や存在は、生の力（*vaʼirgin*）の真っ只中で、それぞれが独自の形と性格を持つありのままの存在形態（*unatgirgin*）をとる。だが、死すべき生き物は永遠に生き続けるわけではない。その時が来れば――いずれその時は来ざるを得ないのであるが――、また、習慣的な儀礼が守られていたらという条件で、それはそれ自体がやってきたもとの場所、あらゆるものがそこから生まれる創造の流れそれ自体の真っ只中へと溶け戻るだろう。

つまり、死はチュクチにとって終着点ではなく、生への流れ、あるいはより良く言えば、現実の領域から可能の領域への流れである。現実の生は、すでに私たちが喩えに用いてきた縄の撚り糸のように、紆余曲折に満ちている。それは、流れ全体の方向から切り離されることがないままに方向を変えていき、螺旋状の動きで、自分自身や他の生に巻きつきながら、流れの中でみずからを形づくっていく。チュクチの生活世界に関するリュケガルドの記述を読んで、かつて私に多くのインスピレーションをもたらしたベルクソンの哲学を改めて想起した。「もともといたところに戻っていく」[*6]のは、生ある者たちの本質であるとベルクソンは主張していた。一般的には、生は前へと進んでいくが、ある特定の生は常に遅れをとってしまう。それらは、気が進まない調子で、流れに逆らっており、そのスタミナが続く限り、この緊張関係をみずからの身体的な力へと取り込むが、いずれその力は衰退し、死によって大きな流れの中へと戻っていく。後に哲学者ジルベール・シモンドンは、生ある諸存在が現実性《アクチュアリティ》の中にみずからを溶かしてしまうような「自分自身の歩みから外れる」というこの性質について、ベルクソンに共鳴しつつ述べている。[*7]

歩調が合ったり外れたりするというこのイメージは、列に並ぶという先の隠喩を思い起こさせる。ベルクソンと同様に、シモンドンにとっても、生ある者たちのあらゆる紆余曲折と踏み外しにもかかわらず、列は進んでいく。実際のところ、生き物は、みずからの存在を生成し維持するための、つまり個体発生のためのエネルギーをその勢いそれ自体から得ている。同様にチュクチにとっても、*umatgirgin* は *va'irgin* から、現実的なるものは可能なるものから引き出される。逆に言えば、現実の生には、死の可能性への本質的な衝動が秘められており、それは、年を取っていく中で経験する進行のことである。だが、現役世代は、現在の領有権を主張する際に、この動き全体を急停止させてしまう。今やみずからの世代の層の中に閉じ込められてしまった生は、ひとつの場所で走り続けることと同じものに圧縮されてしまう。そうしなければ、陳腐なものになり、いずれは取り替えられることが避けられない見通しに直面した時に、彼らは、年を取ることを抗うべき侮辱とみなして、現在への支配を引き延ばすために全力を尽くすのである。ベンヤミンが言うように、それが、現役世代が未来をうらやましく思っていない理由である。彼らの幸福は、それが存在する期間として割り当てられた時間の中に浸透している、と彼は書いている。[*8]

現役世代には、死を迎える暇もない。彼らは死を、生に内在する動きとしてではなく、あらゆる利用可能な手段を講じて打ち破らなければならない病的状態に起因する外部の敵とみなしている。死なないというトランスヒューマン的な夢では、この見解はその論理的な極限にまで連れていかれてしまっている。トランスヒューマン主義者［訳注：トランスヒューマニズムはテクノロジーを用いて身体を拡張し不死を目指そうとする潮流］にとって、死は解決すべきもうひとつの問題にすぎない[*9]。今日生きているすべての人間が必ず死ぬという事実は、今のところ実行可能な解決策が考案できていないという私たちの技術的な失敗の指標であるだけだ。機械仕掛けの身体はいまだに動作不良になりやすいし、その心的な操縦者は行きつく先を見失いがちである。だがこれらの問題が解決できれば、理論上、人類が永遠に生きることを妨げるものは何もない。彼らは、年を取り、子をなす苦しみにきっぱりと別れを告げることができる。こうした夢は、新しくないどころか、進歩という概念自体に内在している。ジョン・バロウは、一九世紀の進化思想に関する歴史記述の中で、進歩の信者たちは常に自分たちが「最後の封筒を開けるところにいる」最後の世代、少なくとも最後から二番目の世代になることを望んでいると主張した[*10]。

　チュクチにとっては、状況はまったく異なる。彼らの世界では、年を取ることと子をなすことは、生を続けるための一対の条件である。人に起こりうる最悪の事態は、病院で死ぬことである。家から遠く離れてそこで死ぬのみならず、死を最終的なものとして扱うことによって、可能な生すなわち *va'irgin* へ再流入することを不可逆的に妨げてしまう生物医療体制の支配下で死ぬことになるからである。しかし、おそらく現役世代がしかと主導権を握る私たちのような社会においてさえ、釣鐘曲線の対極にある若者と老人の間には可能性の痕跡がいまだに残っている。彼らは「まだ」と「すでに終わった」を行き来しつつ、現在というまばゆい光を取り囲んでいる影の部分の中に溶け込んでいく。目標達成型の中間世代である親世代とは違うやり方で、祖父母と孫は生のより永続的なリズムと接している。それは、通時的な交替や継承の時間ではなく、天気や季節、砕ける波や流れる川、植物の生長と衰退、動物の往来、息や心臓の鼓動の継続的な再生の時間である。これは新しい天使（歴史の天使）が切望していた時代である。若者と老人が知恵を寄せ集めれば、はたして、そのような時間を取り戻すことができるだろうか？

第3章　道を覚えていること

薄層で覆われた地面

大学講師として働き始めた時、自分が時代の一歩先を行っていると考えていた。私は、ただ単に新しい考え方を教えていただけではなく、そのために最新の機器を使っていた。その当時コンピュータやデジタルのディスプレイ装置はなく、コピー機さえまだ登場したばかりだった。しかし、私の学科は「ＯＨＰ（オーバーヘッドプロジェクター）」として知られる装置を入手した。年長の同僚たちは誰もそれに触ろうとしなかったが、私は熱心に使っていた。私は講義の中に図を盛り込むのが好きで、透明なアセテートシートにすべての図を描いて準備することができた。シートは装置にあるガラス部分に置かれ、下からのまばゆい強力な光に照らされ、上に設置された傾斜した鏡に反射されることで、その図はみなが見える大きなスクリーンに投映される。事前に、もしくは話しながら、フェルトペンでシートに記入することさえできた。だが、シートを重ねて置くことで奇妙な効果が生まれた。下にある図が透けて見えることで、スクリーンに現れるイメージは、交差する線がゴチャ混ぜとなって、それらの線は、窓ガラスについた雨の筋とその先にある景色の質感との関係くらい、互いになんの関係も持っていなかった。

同様に、ある景観を観察すれば、道路や小道、小径、水路のような通過する線や、壁やフェンス、溝といった境界線を含め、あらゆる種類の線が地面に交差していることが、典型的に見てとれる。かなりの年代物に見えるものもあれば、より近年のものや真新しいものさえある。この線が交差する地面は、個々の書き込みで印づけられた複数の層を重ね合わせるＯＨＰの構成とまったく同じやり方で、組み立てられたものなのだろうか？　景観の歴史とは、すべての現在の世代が、過去にすでに築かれたものの上にそれ固有の層を追加するにつれて、積み上がっていくものなのだろうか？　確かに、古い線は薄く見えて、より近年のものに比べて、識別するのには骨が折れる。時には、上空から見なければわからないものもある。なぜそうなるのかと疑問に思って、アセテートシートよりも地面の層は透明度が低いのだと想像してみるかもしれない。そうであれば、新たな層が加えられるたびに、先行する層は積み上げられたものの中でより下部に沈みこんでいき、さらに不明瞭になっていくだろう。それにもかかわらず、プロジェクターと同じように、過去はたとえぼんやりとしたものであったとしても、まだなお**透けて見える**し、強い照明の下ではいっそうそうなのである。

私たちはすでに、人類学が世代とその経過をモデル化してきた古典的なやり方の中に、薄層で覆われた地面というこの考え方がこだましているのを見てきた。同様の考え方は、他の多くの人文学分野にも顔をのぞかせている。たとえば、言語の研究や文学、考古学、建築に。言語学者は、共時態の平面と通時態の軸を区別している。共時態では、ある特定の時期における言語の構造的な配置を明らかにし、通時態では、ある配置が次のものに移り変わってしまう時に経験する変化を解明する。文学の研究においては、「ジャンル」と「世代《ジェネレーション》」という言葉が似ているのは偶然ではない。なにしろ語源が同じなのであるから。理論家たちは、どのようにして新しいジャンルの文章が古いものに取ってかわるのか、あるいはそれぞれの世代が過去の世代による古文書の解釈に対して、みずからの解釈をどんなふうに重ねてきたのかを分析する。考古学者は、ある場所が占拠されていることの中に、諸々の層を特定する。それぞれの層は、独特な遺物の集合を有していて、最も近年のものが一番上に来る階層の順序で整理されている。過去を明らかにするのではなく、未来を建造しようと計画する建築家でさえ、新しいプロジェクトはすべて白紙の状態、つまり新たに構築するためのまっさらな地面から始まると想定する傾向がある。

こうしたすべての例の背後にあるのは、今やなじみ深いものとなった前提――**生は現在において生きられる**――である。私たち、今日の人々は自分たちの時代を生きており、過去の人々は彼らの時代を生きていた、というわけだ。だが、この前提に従えば、子孫の生が先祖の生をより長いものとしたり、先祖の生が子孫を生み出したりすることは不可能になる。社会的な生は長い会話であるかもしれないが、言語学者に言わせれば、その言語の話者にとって共通の構造によって統御されている限り、会話内のあらゆる発話は共時態の平面の上で生じる。ある平面から次の平面への通時的な変化は、根本的に不連続なものである。同様に、文学を学ぶ者にとって、テクストやその読みは、その時代を表現するものである。文学の規範では、すべてのジャンルは世代であり、書くことは、来るべきジャンルを生成する過程にあるのではなく、ジャンル内で生じることである。考古学的な記録では、遺物はそれがつくられた時期を堅持している一方で、ますます過去へと沈みこんでいく。それらは年を経るごとに古くなっていくが、決して老いることがない。建築では、建物は建てられた世紀に属し、保全の行為によってのみ現代に生き残っている。

こうした前提が、遺産という考え方の基盤でもある。遺産とは文字通り相続財産であり、完全な状態でつくられ、ある世代から次の世代へとそっくりそのまま受け渡される形見である。これまで見てきたように、この形見を継承する際には、それが物であれ概念であれ、有形であれ無形であれ、生の満ち引きや私たち自身のライフストーリーは、それらが続けられていく場所や人々の歴史から切り離されなければならない。同様に、複数の世代にわたって持続する生もまた相続することはできない。子どもたちは、両親や祖父母を相続するわけではない。もちろん彼らは、先祖代々の家とそれが建つ土地区画に加えて、身の回り品や権限を含む親の**財産**

を相続するかもしれない。だが、みずからが育った情動的な環境、すなわち家庭、あるいは家庭が属する場所を相続することはできない。同じように、若者は年長者から口頭のものであれ書かれたものであれ、膨大な文学を相続するかもしれないが、彼らの母語を相続するわけではない。彼らは、親族や情動、家庭や場所、言葉を相続することはできない。というのも、これらのものは、彼らが成長してきた基盤そのものを構成しており、すでに欠かすことのできない彼らの一部であるからだ。

過去からの通り道

それでは、生を遺産に変えるには何が必要なのだろうか？　それは、人を財産に、情動を効果に、家庭を家に、場所を土地に、会話をテクストに変えるのに等しい。いずれの場合でも、人や情動や家庭や場所や会話を、成長し発展する継続的な結びつきとみなすのではなく、それらから生を抜き去ることを意味している。この還元によって、人は形質や特徴の束に、愛や気遣いは有形資産を与えることに、家庭は建物に、場所はその物理的環境に、話し言葉は諸々の表現の集積にすぎないものとなる。先祖伝来のやり方が遺産に変換される際に、その生が抜き取られれば抜き取られるほど、結果として、生は現在の平面の中へと押しつぶされてしまう。

複数の世代の間で資源を伝達することから、それらの間で継続する生を絶対的に切り離してしまう点において、この論理がすでに系譜学的モデルの中で作用するのを見てきた。再び私たちは、複数の世代が互いに積み上げられて、相続という受け渡しによって分離されるとともに接続されているみずからの時間の分け前を生きているという考え方に出会う。そうだとすれば、受け渡される対象が、生が営まれる地面そのものであった場合、いったい何が起きるのだろうか?

生は一般に、踏み跡と小道の形でその痕跡を地面に残す。二足歩行の人間の場合、小道ができるためには一組以上の——数組よりも多くの——足が通過する必要がある。一人きりの人間の歩行者は、柔らかい地面なら足跡だけを残すが、その足跡の間隔は、歩行者の足並みによって測定される。ウマやイヌといった四足歩行の動物は、人間のものとは異なるが、人間のものと同様に、認識可能な蹄や足の跡の模様を残す。これらは踏み跡であり、その踏み跡からそれをつけた生き物について、それが何だったのか、いつ通り過ぎていったのか、どこへ向かっていたのか、さらにはどの程度の速度で移動していたのかといった多くのことが読み取れる。だが、踏み跡は小道ではない。小道ができあがる時には、一度の集団的な動きの場合であっても、または長期間にわたって単独の動きが数多くあった場合でも、あまりに多くの足が同じ道を通過しなければならないため、個々の跡を見分けることはほとんど不可能である。こうして、小道はそこを歩く諸存在、彼らが住む場所、その小道が刻みこまれている景観とともに、集合的な生の過程の結晶として形成される。したがって、子孫が祖先の足跡をたどるにつれて、それは複数の世代にわたって続いていくかもしれない。

子どもの頃に両親や祖父母とともになじみ深い道を歩いたことがあるかもしれないが、あなたの両親や祖父母もまた、若い頃に両親や祖父母とともにそこを歩いたことがあるのかもしれない。道とはあなたと彼らがともにつくる何かである。しかし、それは複数の世代の協力の中で、ともにつくられ続けるものであるからこそ、相続されるものではない。おそらくそれが、今日においてでさえ、遺産を具現化するものとして記念される道がほとんどない理由である。[*1] 私たちの日常経験では、道を歩くことは同時に、その道がどのように進むかを思い出すことでもある。それは、たとえそれが物語られた過去をたどるものであったとしても、未来を予期する、生き生きと延長していく動きである。道を遺産に変換することは、この運動を破壊し、他のあらゆる相続可能な所有物と同じように、いつでも移転させることができる完成した語りのような記憶の**対象**へとそれを変えることを意味する。それゆえ、ヘリテージトレイル［訳注：歴史的・文化的遺産や名所をめぐる観光ルート］を歩くことは、生きている伝統を引き継ぐことではなく、すでにまとめ上げられてしまった過去を再演することである。ＯＨＰとの比較に戻れば、それは、すでに線で印づけられたアセテートシートの上に別のシートを置き、その新しいシートの上に同じ線をなぞるようなものである。

重要なのは、この操作では、なぞられた線が**元の線に一切触れずに**上書きされるということである。ヘリテージトレイルでは、両親や祖父母とかつて一緒に歩いた時とは違って、祖先の足跡を決してたどることはできない。なぜなら、相続の論理が、私たちを別々の層に置いてしまうからであり、その層と層の表面は積み重ねられた書類のページのように触れることはできても、それらの線は決して交わることがないからである。おそらくこれが、政策立案者の間で非常に人気がある、あらゆる新規の介入は、「書き出される《リトゥン・アウト》」のではなく、「**広げられる**《ロールド・アウト》」という独特な表現の起源なのである。もし生のすべての歩みが広げられるのであれば、それは、すでにそこにある地面に再び刻み込むのではなく、それ自体の刻印で印づけられた新しい層を追加しながら、地面にはまったく触れないままにしておくのである。ただし、ヘリテージトレイルを通過していく足による磨耗から注意深く保護する人工的な条件下――たとえば、それをガラスの下に入れるような――の場合を除いて、このことは、実際に生じることはない。逆に、新しい層を追加するどころか、歩行者の足跡は、それを継続して刻み込むことに寄与する。その一方で、地表面自体は、自然の浸食過程にともなって、層を追加するのではなく、除去することによって、継続的に更新されるのである。

結局のところ、これが、ＯＨＰの類推で語るとうまく行かない理由である。なぜ古い道が最近のものよりも薄く見えるのかという問いに戻ってみよう。はるか昔、これらの古代の道が定期的に使われていた時代、それらは地面に深く刻み込まれていたはずだ。だが、それ以来、おもに風化による緩やかな浸食で、これらの深い刻み込みはほとんど表面に近いところまで埋まってしまって、もうまもなく消えてしまいかねない状態にある。それらは、ほとんど見分けがつかなくなっている。一方で、後にできた道は、雨風にまだ長期間さらされていないので、より深い刻印を残しており、最も新しいものが最も深い刻印を持つことになる。この場合比べるのは、ＯＨＰとではなく、はるか以前の書記技術であるペンと羊皮紙の産物、すなわちパリンプセスト［訳注：書かれた文字を消した羊皮紙に新たに文字を書いた古文書のこと］とである。これは、同じ羊皮紙を何度も何度も再利用することでつくられる。毎回書き込まれる合間に、以前の痕跡をできる限り取り除くために表面が削られるが、いくらかは常に残ってしまう。パリンプセストでは、古い書き込みは現在という半透明の表面の**下**にあるのではなく、新しい文章が沈んでいくにつれ、表面に**浮き上がってくる**。[*2] 書記者の羊皮紙のように、地面は層を重ねるのではなく、天地を返すことによって更新される。

アーカイブからアナーカイブへ

地面が積み重ねられるところでは、記憶はアーカイブの形をとる。より古い記憶は下にあって、時間が経つことで上に堆積していった、より後の記憶を剝ぎ取ることによってのみアクセス可能となる。その際、そこにあるものをすべて抽出し、それを遺産の対象として流用することになる。したがって、過去を記憶することとは、時間の働きを元に戻すことである。逆に未来は、あたかも現在という表面にすでに接しているかのように、仮想現実の平面上にのみ投影することができる。ゆえに、現在の領有権を主張してきた人々にとって、記憶と投影は、それぞれ下にある過去と上にある未来に向かって逆の方向を向いて

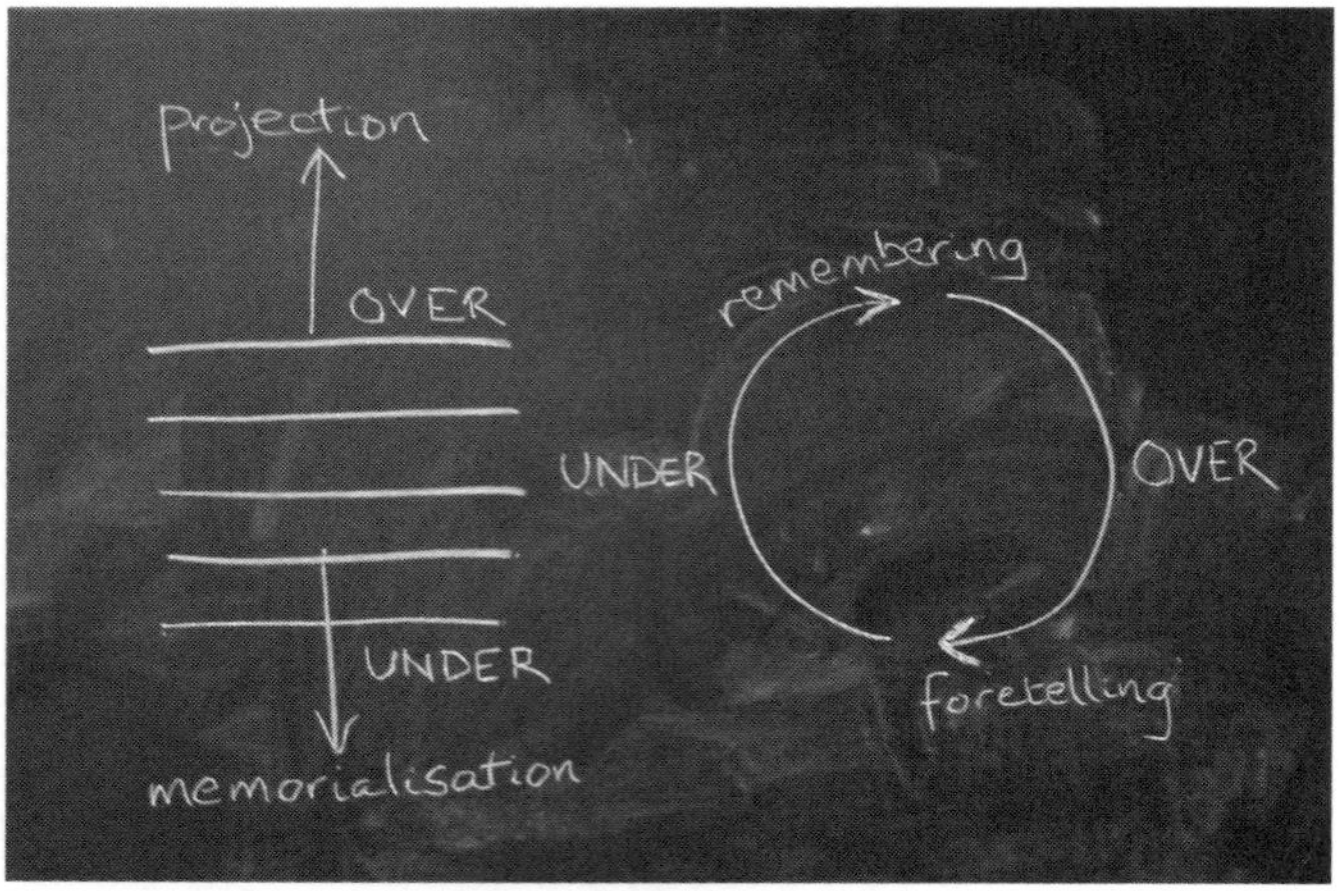

［図3・1］ 積み重ねられる地面（左）と回転する地面（右）の中での上下

いる。しかし、地面が積み重なるのではなく、回転するとしたらどうなるだろうか？［図3・1］に示すように、ここでは「下にある《アンダー》」と「上にある《オーバー》」は、異なる意味を持つ。回転するサイクルの中では、下にあることは「上がっていく」ことであり、上にあることは「下がっていく」ことである。上のほうにあるものは、もはや上空に、つまり未来の仮想平面の上のほうにはなく、すでに過去に向かって下降を始めている。下のほうにあるものは、もはや底に、つまり過去にあるのではなく、未来に向かうにつれ、継続する活動の表面に浮上する。それは**真下《アンダーニース》**にあるのではなく、**進行中《アンダーウェイ》**なのである。

おそらくここで言う、地面の天地を返すことを、本のページをめくることに喩えることができるだろう。テクストの行をたどりながら読み進めていくにつれ、定期的にページをめくらなければならない。その時、これまで読んでいたページが下に置かれ、下方にあったページが上がってくる。実際、地面とページの間にあるこの隠喩は、本と同じくらい古いものである。「ページ」という言葉そのものが、人が住んでいて、畑や農場のある一面の田園地帯を意味するラテン語の*pāgus*から来ており、その土地で働く人を意味する英語の「*peasant*（農夫）」や、農夫の努力によって形づくられた景観を意味するフランス語の「*paysage*」もまたそれに由来する。中世の書記たちは、羊皮紙とペンを用いるみずからの労働を、鋤《すき》を使って土を返す農民の労働にしばしば喩えていた。すでに第2章で、近代を象徴する発動機には、時計の他にショベルカーとクレーンがあることを指摘した。層が重なる世界では、下に掘り進むか、上に積み上げるかのどちらかが可能だ。だが、時計の回転運動ではなく、農業サイクルのリズムにあわせて天地を返す世界では、地面に刻み込むこと自体が再生の行為である。その象徴的な道具は、鍬《くわ》である。

啓蒙時代の哲学者ジャンバッティスタ・ヴィーコは、一七二五年の『新しい学』の中で「人間《ヒューマン》」という言葉の語源は、埋葬儀礼を指すラテン語の「*humando*」にあるのではないかと推測した。そうだとすれば、人間はその起源においてもその運命においても腐植土（*humus*）に属するものとなる。ほとんどの専門家は、ヴィーコの語源説を空想じみたものだとみなしている。それにもかかわらず、文学者ロバート・ポーグ・ハリスンが提唱した、「人間であることは、何よりもまず埋葬することを意味する」という見解にはある程度の真実があり、ここでの埋葬とは、ハリスンの言う生命の**腐植**的基盤、つまり「過ぎ去っていった未完の物語を、それが保存する要素の中に保ったままである」基盤を築くことである。[*3] このように、埋葬は生のページをめくることであるが、それは、物語の終わりではない。何にもまして、子をなしまた子となる努力の中で物語を引き継ぐことが、来るべき世代の仕事なのである。ここで思い出すのは、古代のやり方を地表に浮上させようとする時間の働き――天気や季節の移ろいの働き――を元に戻すのではなく、それ**とともに**やっていこうとすることである。そうすることで、古代のやり方は、それらが未来に続いていくにつれて、生者たちにたどられることになる。一言で言えば、それは、大地から取り出す過程《アンアーシング》である。

「大地から取り出す」を私は、発掘の逆の意味として使っている。発掘は、堆積した過去からその中身を抜き去って空にすること、つまり文字通り空洞にすることである。それは、ある遺跡において、人が居住していた諸々の階層を、より深い層に向かって縦断していく時に考古学者がすることである。彼らにとって、大地は、堆積物の中にある過去の世代の記録を保持するアーカイブであり、彼らの目的は、その隠された秘密を暴きだすことによって記録を再構築することである。これらの秘密の中には、はるか昔に亡くなった人の遺体もある。この考古学的な視点からみれば、墓は堆積の場所である。実際、それは二重の意味でそうである。なぜなら、昔の地面自体が歴史的に堆積してきた後続の層の下に沈んでいくにつれ、死去した際に埋葬された遺体はさらに下へと沈んでいくからだ。だが、時間の経過とともに地表からより深くに沈んでいく堆積物には再生の可能性はない。かくして堆積は埋葬とは真逆のものであって、埋葬の目的とは、地面の下に埋められた根や塊茎が、植物の生長を約束するのと同じようなやり方で、継続する生の腐植的な基盤を築くことである。かいつまんで言えば、堆積は発掘を可能にする一方で、埋葬とは大地から取り出すことの条件なのである。[*4]

したがって、回転する地面は、アーカイブと正反対のものとなる。哲学者エリン・マニングの概念を借りるならば、それは、**アナーカイブ**である。アーカイブの中にあるコンテンツは不活発であり、その可能性は潰《つい》えてしまっている。それに対して、「アナーカイブは、活性化したり、方向づけをしたりする。あるいは、それは常にすでに活性化しようとして、方向づけようとしていると言ったほうがいいかもしれない」[*5]とマニングは書いている。アナーカイブとしての景観は、地上で新しい生になろうとする、地下の根と走茎《そうけい》の反乱である。これが、建築家のホン・ワン・チャンが、みずからの家族史に基づいて精通する、中国南部の珠江三角州の一部である南海の景観を説明するやり方である。かつては、村や畑、道、墓が網の目のように広がっていたが、今では都市化がとても進んでいる。チャンの一家は、故郷の村の付近に小丘を所有していた。その小丘は、二〇〇〇年代初頭に、高速道路をつくるために整地され、墓を正式な墓所に移すことを余儀なくされるまで、彼女の先祖たちの数世代にわたって埋葬地として機能しており、家系の活力源となっていた。現役世代の計画者によってきちんと整理された墓所では、先祖たちはアーカイブ化され、景観を活性化する腐植土に由来する力は、都市の発展のための**白紙地帯**《タブラ・ラサ》をつくるために切り捨てられたのだ。[*6]

憧れること

これに劣らないほど熱烈にアナーカイブ的であるが、同様に整地によって損なわれやすいのがマレー半島の熱帯林である。その地の先住民バテッは伝統的に狩猟と採集によって暮らしてきた。多くの者が今でもそのようにして暮らしているが、この地域での商業伐採により、彼らの生活はますます不安定になってきている。だが、バテッにとって、森は単に食料の貯蔵庫というだけではない。それは、彼らが狩りや魚とりをしたり、籐《とう》を集めたりした場所、もしくはあの人やこの人に会ったり、親戚が住んでいたりする場所であるというように、思い出にあふれる生活世界である。バテッがいつもそうしているように、森の中を歩き回っていると、これらの記憶が表面に浮かび上がり続けて、彼らの語る物語の中で回想される。しかし、時として、とりわけその場所が亡くなった人の記憶を呼び起こす場合、物語の主題は手の届かないところにある。バテッには、そのような時にこみあげる感情を指すハッキップ（*haʒip*）という言葉がある。トゥック・ポー・ライは、バテッの生の様式に関する研究の中で、この言葉を「懐かしむこと《ロンギング》」と訳している。人は遠く離れた場所、愛する人、亡くなった長老を懐かしむことがある。ライは、男がある小道を彼女に指し示して「昔の人々はそこを歩いていた」と言ったことを回想する。「だから、死んだ古老たちをハッキップする時、人々は小道に戻るんだ」*7

バテッの人々にとっては、生の道に沿って旅することもまた、すでに去ってしまった人々を思い出すことである。今では下草の中に消えようとしている先人たちの小道は、地面とほぼ同化しつつある。丹念に注意を払うことで、長老たちの後を追うことができるが、虹の終わりと同じく、それらは常に地平線の彼方に留まり続けることもバテッたちは知っている。これが、伝統を守ることが意味することである。それは、**憧れる**《ロンギング》過程であるが、憧れる人に跳ね返ってくるため、同じくらいに、なじむ《ビロンギング》過程でもある。だから、来るべき世代の人たちもまた、古老たちの導きに従うことで、そのような人物に**なる**。到来する《カミング》ことなしに、なる《ビカミング》ことはない。懐かしむ《ロンギング》ことなしに、なじむ《ビロンギング》ことはない。到来することと憧れることとは、つまり長い道のりを行くことと覚えていることとは、同じ根源的な動きの両面である。そのため、重要なことに、その二つは、未来に向かうことと過去に向かうことという真逆の方向にあるのではなく、**同じ道の中にある**のだ。私たちが追っている先祖は、常に先を行っていて、私たちの知識を超えている。私たちは、彼らを物理的につかむこともできないし、思考の範疇において把握することもできない。私たちは決して、彼らに追いつくことはできず、追い抜くこともできない。だからこそ、私たちは彼らに憧れる。

　現在の下に過去を沈め、その上に未来を打ち立てることに慣れた私たち近代人にとって、これは一風変わった結論であるように思えるかもしれない。覚えていることは、必然的に回顧的なものだという前提を払拭《ふっしょく》するのは難しい。未来を予期しつつ、同時に過去に目を向けることが、私たちにはどうすればできるのだろうか？　このような妙技を成し遂げるには、前と後ろを同時に見る二つの顔を持つ正真正銘のヤヌス［訳注：ローマ神話で、出入り口と扉の守護神。頭の前と後ろに反対向きの二つの顔を持つ］が必要なのではないだろうか？　でも、歴史の天使を忘れないようにしよう。彼は、歴史的進歩という積み重なる瓦礫に背を向けて、私たちの先祖が歩んできた道に寄り添う未来およびあらゆる現在の瞬間を、今一度過去として見ることができる時代を切望する。これは、歴史の世代を順に上下に並べる通時的な時間ではない。それはむしろ、絶え間なく生成変化する世界に内在する時間である。哲学者ベルクソンは、「**何かが生きているところには、時間が刻まれている記録簿がどこかに開かれて存在する**」と、言葉を強調して書いた。[*8] これは、憧れることの記録簿であり、それは、延々と続いていくのだ。

ある夜、ライのもう一人の年老いたバテッの友人は、病気になった孫を見舞いに行った旅の話をして、彼女を眠らせなかった。旅を続けるあいだじゅう、彼は、心の中でずっと彼の目前にいたその小さな男の子に憧れていた。「そして、私は歩いて、歩いて、歩いて、と思ったんだ。私は思って、思って、心の中で思って、歩いたんだ。私は歩いて、歩いて、歩いて、思って、と思ったんだ」。[*9] もし彼が到着したのだとしても、私たちはそのことを聞くことはなかった。なぜなら、憧れることは、ある出発点からある目的地まで進むものではないからだ。それは、未来を呼び起こそうとするのでも、過去を回顧しようとするのでもなく、生の時間的な広がりに気遣いと注意をあわせようとする、持続という別の軸をたどる。だからこそ、憧れることは、ユートピア的でもノスタルジア的でもない。それは、完璧な世界というユートピア的な夢のように、光明への最終的な解放をもたらすことはない。しかしそれは、現在によって取り返しのつかないほど上書きされた過去を切望することでもない。ノスタルジアは、すでに記憶された遺産を歴史のショーとして再演しようとする人々のためのものである。バテッのように物語られた景観のいたるところに記憶がある人々には、そのことは必要ではない。

したがって、憧れるとは、暗い地下の過去から未来のまばゆい光へと導かれることではなくて、終わりの見えないたそがれ時を手探りで進むことなのである。しかし、そのことは、憧れることの記録簿を押しつぶしてしまうことによってのみ許容できる現役世代の姿勢について多くを語る。バテッのような先住の狩猟採集民は、未来への目標を失って、過去のアーカイブも持たず、彼らを歴史の第一階層に上ることとすら妨げる伝統性の時間の歪み《タイムワープ》の中にはまりこんでしまっているのだとみなされてしまう。彼らは古代的であり、人類の進歩以前の原初状態を体現していると同時に、文明に汚されていないことから、子どものようであると言われている。そのような主張を、植民地主義的な精神性に駆動された自民族中心主義的な偏見の一例として却下するのは正当なことである。だが、その偏見は他の世代にも同様に向けられている。先住民と子どもや古代人との間の好意的とは言えない比較は、老人と若者に対する現役世代の軽蔑と同様に、それが「未開的」であるとみなす者たちに対する軽視を反映している。より好ましい比較であったなら、現役世代があれほど苦心して鎮圧してきた、生き生きとした景観が持つアナーカイブ的な力を前景化できるだろうか？

第4章　不確実性と可能性

呪いを解く

現役世代の進歩的な見方は、彼らの先人たちをアーカイブ化された過去に追いやりながら、みずからのプロジェクトを想像された未来に投影する。この見解を述べるのは簡単であるが、退けるのは難しい。人類史において、それは、通例というよりも例外である。だが、それは近代の構成に深く埋め込まれているため、それを変えるには、保全、開発、教育、科学について の私たちのアプローチを全面的に検討し直す必要が生じる。このことが後の章で取り組むべき課題となる。今のところ、政策と実践のあらゆる領域において、現在の観点から将来を計画することができるといううぬぼれには錯誤的なものが含まれていると指摘しておけば十分であろう。なぜそうなるかと言うと、投影される方向が生の流れと逆向きになっているからだ。それは、「手をあげろ《ホールドアップ》」に相当するが、それは、プロジェクトを棚上げし、その代わりに別のプロジェクトを入れることによってのみ打ち壊すことができる。私たちは、流れに逆らって泳ぎ続け、流れをつかまえようと無駄な努力をする。逆に、未来の過去《フューチャーズパスト》という糸をたどることは、私たちがこれから行くところ、つまり他の者たちがすでにいたところから遅れをとっていると認めることを意味する。これまで見てきたように、これが歴史の天使の立場であった。

私たちはおそらく、みずからを、外洋を航行する船乗りに喩えるのがいいだろう。船乗りは船首と船尾を区別した上で、海流、風、太陽と月、星と海鳥に導かれて海を進む。賢明な船乗りであれば、船尾を未来に向け、船首を過去に向けたりするだろうか？　しかし、これが、私たちがみずからの未来を予測する時に常にやっていることだ。現在に踵《きびす》を返して、私たちは生を後ろ向きに歩き、そうしていなければ目の前に広がっていたはずの未来を見ないことを選ぶ。年を取るのを拒んで、若返りの運動によってそれに抵抗しようとする。[*1] そして、この後ろ向きの視点からは、自分がどこへ向かっているのかが見えないため、私たちが思いつくどんな計画やプロジェクトも不確実性をはらむように見えてしまう。これは、私たちが同時に二つの方向を向くことができないことに由来する。もし、より確信を持てさえすれば、もし、どんな運命が私たちを待っているのかを知ることができさえすれば、もっと自信を持って計画を立て、準備を整え、将来の気に入らない側面を取り除くために、物事を変えることさえ可能になるかもしれない。未来をある種の人為的選択に委ねることもできるかもしれない。

だが、確実性を切望するならば、私たちの願いについて注意深くあらねばならないだろう。なぜなら、生において明らかに確実なことがひとつあるとすれば、それは私たち誰もがいずれは死ぬことだからだ。自分たちの現在の世代が最後の世代になることを夢見るトランスヒューマニストたちでさえ、みずからの存在の有限性を認めざるを得ず、より極端で裕福な信者たちに、死の必然性という問題がついに解明された暁には、解凍されて生命をふきかえすという望みを抱いて、冷凍自己保存をしておくという奇妙な実験に乗り出すよう勧めている。衰えつつある現役世代の成員は、すでに全盛期を過ぎており、釣鐘曲線の向こう側に滑り落ちてしまっているが、彼らは、死はあらゆる者に訪れるが、自分たちは、少なくとも次に続く複数の世代も自分たちと同じように不確実性に直面するであろうことを知った上で死ぬのだ、という考えを受け入れることになりそうである。このことには希望がある。なぜなら、確実性が行き止まりを予感させるのに対して、不確実性は生が続くことができる領野を開くからだ。結局のところ、みずからを常に乗り越えてしまう、つまり、始まりから終わりに向かって進んでいくどころか、あらゆる生の終わりが新たな始まりへとつながっていくことが、生に関する特徴的な性質である。それはまったくの過剰である。

不確実性の呪いとは、この過剰を欠点として提示することである。未来が不確実だと言うことは、生がいまだに完全には決定づけられておらず、生が最終的にどこに向かうのかを決めるには、まだやるべき仕事があることを示している。この言葉は、未完の状態、まだ終わっていない仕事、なりゆきが完全に予測できる確実性をもたらす世界の全体像をまだつかんでいないという感覚を伝えてくれる。私たちの知識にはまだ空白地帯があって、はめ込むべきパズルのピースが欠落している。その絵を完成させるために、私たちは一般的に、いわゆる「科学」に目を向ける。もちろん、これを現場の科学者が実際にやっていることと混同すべきではない。実際、科学者たちは、いかなることについても確信が持てることなど決してないと真っ先に抗議するだろう。「科学」はむしろ、儀礼と修辞に基礎づけられた制度装置であり、その**存在意義**は、不足を補って、不確実性と確実性の間にある空白地帯を埋め、現役世代の先駆者たちがいくらかの自信とともに未来を予測できるようにすることである。科学による見通しが今日のように厳しいものである場合、それは完全なカタストロフィーを避けるための緩和策を提案することになるのかもしれない。

だが、科学でさえも、現在の予測範囲を超えた未来を承認することはできない。おそらくそれが、今日の若い世代が未来をはるか彼方に際限なく広がる景観としてではなく、みずからに迫ってくる高原として捉える傾向がある理由なのかもしれない。それが近づくにつれて緊張感はさらに高まり、ついには最高潮に達する。以前のどの世代にとっても、歴史の終わりという見通しがこれほど鮮烈に提示されたことはなかった。[*2] 現役世代の役割を引き受けようとしている者たちにとって、未来はあまりにも確実なものであるように思われる。もちろん、科学の権威を疑い、その予測を不確実性の衣で覆い隠し、否定することによって、心の安定を見いだそうとする懐疑論者もいる。だが、リスクの予期をともなわない予測はないため、賛成者も懐疑者も同様に確率の言語に囚われてしまうのだ。確率の言語は、偶然性と必然性の対立によって枠づけられており、みずからを常に超越していく生の創造的衝動を容認することができない。だが、過剰という観点からみれば、不足モデルが不確実性として提示するものはまったく異なった特徴を帯びることになる。なぜなら、そこでは**不確実性が可能性として再登場する**からだ。不確実性という裂け目を詰まらせてしまうのではなく、そこを可能性が大波のように流れていくことになる。[*3]

くぐり抜けながらおこなう

それでは、不確実性の領域ではなく可能性の領域としての未来に向きあうには、いったい何が必要なのだろうか？　人生の先がある今日の若者は、生の流れをみずからの「可能性を最大限に発揮する」過程として、つまりあらゆる可能な道が次第に、実際にとられる――生の終わりにその究極的な結論に達するような――ひとつの道に狭められていく、先細りしていく動きとして考えるようにしばしば奨められる。人類学者クリフォード・ギアツは、今や古典的となった表現の中で述べている。「私たちに関する最も重要な事実のひとつは、つまるところ、私たちはみな、千種類の人生を生きるための天賦の装備から人生を始めるが、最終的にはただひとつの人生を生きて終わるということかもしれない」[*4]。みずからの可能性が発揮された後、その先に進むべき場所はない。それでおしまい、人生は上がり、というわけだ。だが、もし私たちが、予期された目的地に向かうのではなく、すでに到達した場所から、終わりのない再生の道へと進んでいくのだとすればどうなるだろうか？　もしそうすることで、私たちの可能性を継続的に回復させることができるのだとしたら、いったいどうなるだろうか？　西オーストラリアの先住民ピントゥピが民族誌家フレッド・マイヤーズに、生とは「ひとつの可能性のもの」だと語った時に言わんとしていたのは、このことだったのではないだろうか？[*5]

　ピントゥピにとって、生の輪郭は彼らが住むカントリー、つまりドリーミングとして知られる形成の時代において祖先たちが動き回ってつくりあげたカントリーのそれである。この時代は、近代の人々が理解するように過去のものではなく、未来に向けての投影でもない。むしろその時間性は、存在そのものの時間性であり、あらゆる生あるものが、その割り当てられた期間にわたって存在する「いつでも」である。ドリーミングは純粋な可能性である。それゆえ、事実上あらゆる現実の生き物は、その生命力の源である祖先の力の顕現として、世界創造という永劫の瞬間に身を置くことになる。先祖が導くところには、生が必ず後を追う。これが理である。その理は生に蓋をするどころか、生が永続する再生のための条件を定め、アナーカイブ的な方向感覚を授ける。「私たちの前にいた、あらゆる死者たちと同じように、私たちは、その理の傍らに座らなければならない」と男たちは言う。[*6] 死者は常に先を行っているが、常に景観の中に存在し、活動している。彼らの足跡に合わせて歩くのは生者である。ピントゥピの人たちは、祖先に憧れるのをやめることはない。[*7]

しかし、これは出発点から目的地への移動ではない。代わりに、それは続いていく。ピントゥピの視点では、可能性は**ひとつだけのものでしかありえない**ために、人生は可能性がひとつだけのものだというのである。選択肢があるメニューのように、当初は複数の可能性が人々に提示されているのだが、生が進むにつれてそのメニューが狭まっていくという考え方は、彼らにとっては意味をなさない。彼らの世界は、そのたびごとに選択肢がもたらされるような機会の世界ではない。現在にすでに軸足を置いていて、未来に実現されるチャンスを見いだすことができる者には、機会をつかまえることができるかもしれない。つかまえることはすべて、世界の再生を一時的に拘束するか、あるいは逆転させようとさえする「手をあげろ《ホールドアップ》」である。だからこそ、それは最終的には力尽きてしまう。ところが、ドリーミングにしたがう者たちにとって、世界は生命力の尽きることない源である。ピントゥピの人たちは、砂漠の景観を放浪しながら、みずからの可能性を最大限に発揮しているのではなく、常にそれを補充している。実際のところ、彼らは年を取るにつれて、ますます力強くなっていくのかもしれない。それでも、彼らでさえ、たとえば食料や水をどこに探しに行くかを決定する際には賭けに出なければならないのである。生はその賭けを正しくおこなうことにかかっている。

では、どのようにすれば、機会と可能性について、最もうまく表現できるだろうか？　考えられる答えを、哲学者ジョン・デューイのプラグマティズムに見いだすことができるかもしれない。[*8] 生の中で私たちは、あらゆるたぐいのことをするとデューイは考える。私たちはまずこれをして、次にあれをするが、そのこれやあれに関して言えば、達成される目的には一定程度の確かさがある。そう、私たちは自分が何をやっているかを知っているのだ！　目標に向かって矢を射る時のように、あらゆるおこないは意図的な行為である。その目標を外すかもしれないが、それでも私たちは一か八かやってみるのだ。それにもかかわらず、私たちがおこなうことのすべてにおいて、私たちがくぐり抜ける経験がある。それをすることによって、私たちは心身ともどもも修正され、おそらくは変容さえする。デューイにとっての問いとは、この二つの――おこなうとくぐり抜けるの――関係を明らかにすることであった。[*9] 私たちは、最初の意図とその最終的な帰結の間にサンドイッチするように、くぐり抜けるを、おこなうの内側に含むのだろうか？　くぐり抜けるとは、その行為の内部で、私たちに生じる何かなのだろうか？もし、くぐり抜けるが、おこなうの内部に、そのように包含されるのなら、あるいは私たちが言うように、可能性が機会の中に囲い込まれるのなら、ある行為と次の行為には連続性などありえないことになる、とデューイは推論した。そうならば生はつながっていない、バラバラのエピソードへと断片化されてしまうだろう。

しかし、現実には、このようなことは生じない。反対に、くぐり抜けるは、常におこなうことから**あふれ出る**というのが私たちの経験である。このようにあふれ出すおかげで、あなたが今おこなっていることは、以前おこなっていたことの経験の何がしかを取り込んでおり、それが今度は、次におこなうことの中に取り込まれることになる。デューイが言ったように、何かをおこなうたびにあなたは、「いくらか違う人」になる。[10] 簡潔に述べれば、くぐり抜けるとは、生がその航路に作った目的地を追い越す時の過剰さの中にある。[図4・1]に示すように、私たちがつかむすべての機会を、意図（I）と目的（O）の間を接続する横断線で描いてみよう。くぐり抜ける生はずっと続いているのだが、接続するこうした横断線に対して直角の方向に進んでいる。この図では、波線（P）で示されている。ここでは、P

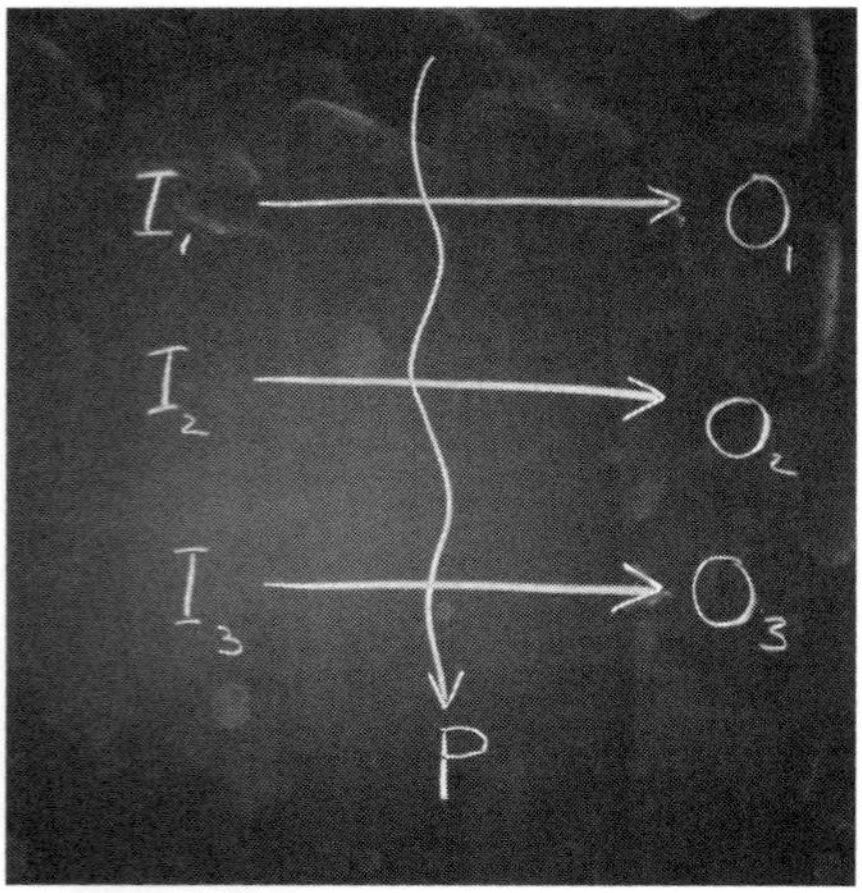

［図4・1］　機会と可能性

は可能性を意味する。機会は横断するのだが、「ひとつだけの可能性があるもの」としての生は縦に続いている。この線に沿ってたどられる生は、みずからを絶えず追い越していき、目的とする帰結にとどまるということはない。なぜなら、それらの帰結は、道の途中で捨てられるものにすぎないからである。このような生は、それ自身のためだけではなく、それが絡みあう他のすべての生——これから見るように、その子孫の世代を含む——にとって、さらなる可能性に達するのだ。

注意の構造

重要なのは、すべての横方向のつながりが意図の線を示す一方で、縦方向に伸びる可能性の道は注意の線であることだ。さて、注意にはさらけ出しと調子合わせという二つの側面がある。私は、心理学者のジェームズ・ギブソンが切り拓いた知覚の生態学的なアプローチから、調子合わせという概念を採用している。[*11]ギブソンにとって、知覚とは、私たち自身の活動を先に進めるのに役立つ、もしくはそうするのを妨げるかもしれない周囲の事物に気づくことである。一言で言えば、それは、これらの事物が**アフォードする**ものについて特定する情報を拾いあげることである。そしてそれは、学習することができる。「人生が続くかぎり、人は知覚することについて学び続けることができる」とギブソンは書いている。たとえば、工芸を実践する際、スキルとは初心者が見落としかねない材料のかすかな変異に敏感になることにかかっている。大工は木目に注意を払い、鍛冶屋は鉄のしなやかさに注意を払う。ギブソンの用語を使うならば、熟練者の知覚システムは「ある種類の情報に調子を合わせ」るようになる。だが、この場合、勢いは完全に知覚する者の側にある。それでは、あたかも知覚されるべきものがすでにそこにあり、環境の中に配置されていて、単に実践者が注意を払うのを待っているかのようだ。

だが、もし、すべてのものがまだそこにないとしたら、どうなるだろうか？　世界は、結局のところ、固定化されたものではなく、慌ただしく、流動的なものなのである。天気の移り変わり、常に変わり続ける空、潮の満ち引き、川の流れ、動物の動き、植物の生長のことを考えてみよう。これらの流動の中に浸されて、ずっと世界と一緒にいて、その命令に従うという意味で、それに注意し付きそい、その世界を待たなければならないのが、知覚する者である。これは、さらけ出しという側面における注意のことである。教育哲学者ヤン・マシュラインが説明するように、さらけ出し（ラテン語の *ex-positiō* より派生）とは、文字通り、その位置から引き離されることを意味する。注意深く《アテンティブ》ある、もしくは注意深くなるとは、「みずからをさらけ出すことである」とマシュラインは書いている。[*12] この状況で、もはや、いかなるものも当然のものと思うことはできない。理解の感覚、すなわちみずからの足下に確固とした地盤があるという感覚は揺るがされ、人は傷つきやすく、非常に警戒心が強くなり、しっかりと目標に焦点を合わせるというよりも、感嘆に目を見開いたままになってしまう。マシュラインにとって、教育が現れるのはまさしくそうしたさらけ出しの瞬間である。[*13] それは理解というよりも、くぐり抜けることであり、みせかけの居心地の良さと安心をもたらす確実性の化粧板をはぎ取って、純粋な可能性への扉を開くものである。

だが、もし注意にさらけ出しと調子合わせ――世界を待ち続けることと、待っている世界にチューニングを合わせること――という二つの側面があるとしたら、両者には、いったいどのような関係があるのだろうか？　確かに、何らかの活動に乗りだすことは、みずからの存在を危険にさらすことである。安全なやり方は、動かずにじっとしていることである。だが、何者もそのようにして生きることはできない。生きるためには動き出さなければならない。つくられつつある世界という海流の真っ只中に船を押しやらなければならないのだ。したがって、くぐり抜けることは、すべてさらけ出されることから始まる。ところが、それが進むにつれて、実践と経験から生まれた知覚と行為の技能が効果を発揮し始める。この点は、人類の活動の中で最も普遍的なもの、つまり二足歩行に見ることができる。一歩、足を踏み出すごとに、危険な瞬間がもたらされる。片足で前につんのめりながら虚空に倒れ込むのだが、もう片方の足が、目の前にある地面に着くと、バランスを取り戻すことになる。その時、手遅れになる寸前に、フットワークの身体技能が助けにやってくる。さらけ出しの傷つきやすさから始まったものは、調子合わせの熟達によって終わり、永遠に続きうる反復において、今一度、歩行者がさらけ出されることの危険に身をゆだねる地盤がもたらされる。

思うに、この反復が生の根幹である。しかし、生がただひとつの可能性があるものであるのと同様に、それは一方向的でもある。つまり、**服従が先行し、その後に熟達が続く**のであって、決してその逆ではない。[14]服従が生成変化する世界に放たれ、私たちが体勢を崩して転ぶ刹那、熟練が身体の統御を回復させ、前進し続けていくことを可能にする。第一のものは、熱望の瞬間であり、第二のものは把握の瞬間である。前線では、大望を抱く期待が手探りで前に進んでいき、即興で、まだ築きあげられていない世界の通り道をつくる。他方で、後衛を前線へと送り出すのは、世界のやり方にすでに慣れ、それが可能にするもの《アフォーダンス》を観察し応答することに熟達した、器用につかまえる知覚なのである。服従が熟達へ、熱望が把握へ、期待が知覚へ、さらけ出しが調子合わせへと道をゆずっていくにつれて、変曲点の瞬間を迎える［訳注：変曲点とは、曲線において上りから下りへ、もしくはその反対へ動きが変わる瞬間を示す場所のこと］。ここで、エリン・マニングの哲学に戻ってみよう。マニングにとって、変曲とは、動きそれ自体ではなく、動きが動くやり方の変異のことであり、暫定的な開口部が「出来事の裂け目」の内部からしっかりとした方向感覚に成熟する地点にやって来る。[15]それは、［図4・2］に示すようにくぐり抜けることからおこなうことへの転回を印づけており、可能性の線が顕著で実現可能な機会を開示することになる。

ここまで、「熱望」と「期待」という二つの言葉を紹介したが、私たちはまだこれらの言葉にはなじめていない。どちらの言葉にも、もう少し説明が必要である。字義通りに言えば、熱望するとは息を吸うことである［訳注：「熱望する」aspire はラテン語 aspīrāre「息を吹きかける」に由来］。それは、積極的で活気に満ちたかたちで「取り入れる」ことである。デューイが指摘するように、取り入れるためには「私たちはエネルギーを呼び起こし、対応するやり方で投げなければならない」[*16]。このように呼び起こして、投げることで、熱望は、生命世

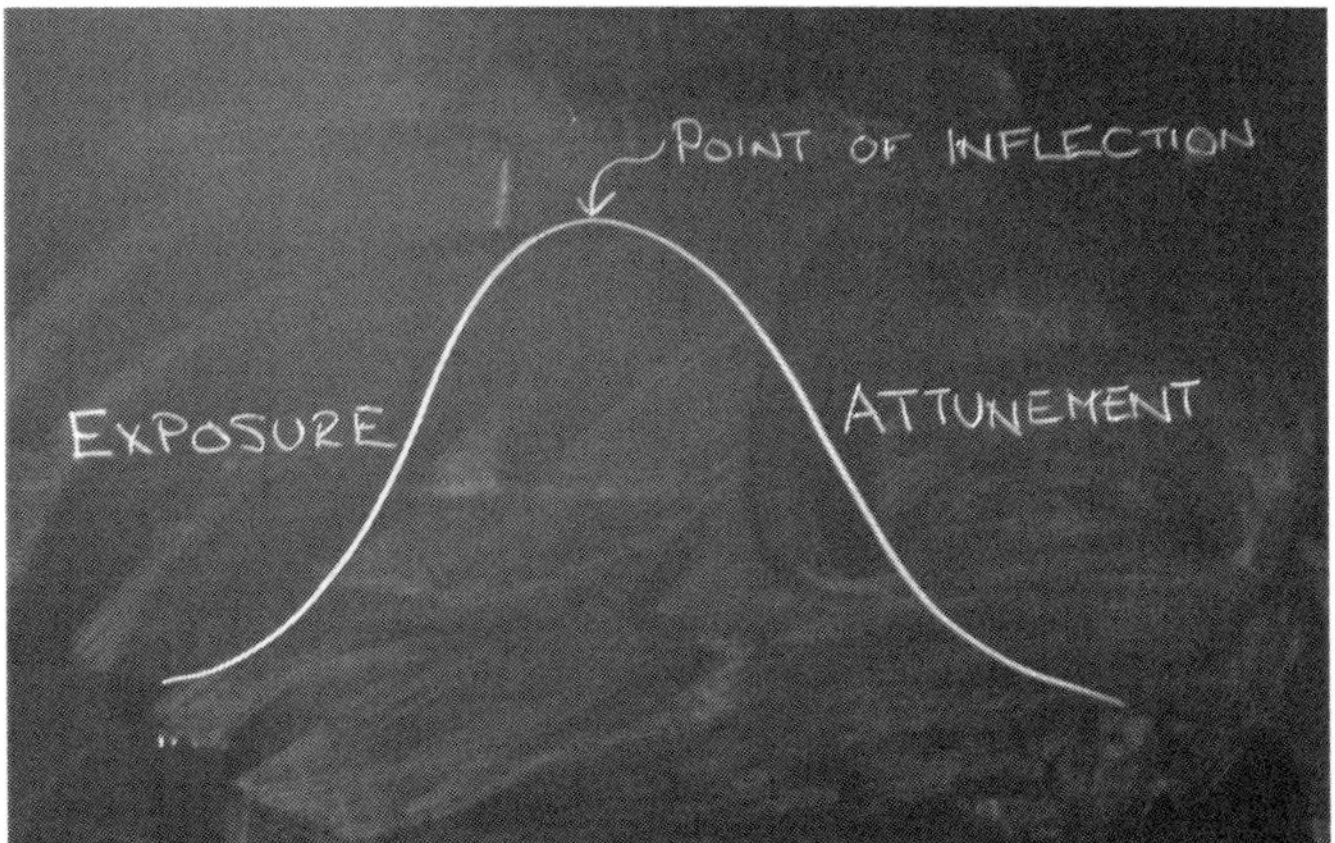

［図4・2］ 注意の構造。EXPOSUREはさらけ出し、POINT OF INFLECTIONは変曲点、ATTUNEMENTは調子合わせ

界の活気に満ちあふれた力を引き出し、注意の道に沿ってそれらを放つ。いまだに方向性の定まらない潜在性、つまり可能性に満ちた熱望は、未来を期待するのだが、それを予測することはない。すでに見たように、予測は確実性と不確実性の論理に属する。確実性の度合いに応じて、物事はより高い、もしくはより低い信頼度をもって予測される、つまり起こりうる可能性が高いか低いかが判断される。だが、期待は可能性の記録簿に属している。それは、みずからの先を行きたがる生の時間的な飛び出しなのである。期待するとは、道を開き、即興で通路をつくることである。それは、投影するというよりも予告するのであり、現在に終点を定めるというよりも未来をみつめるのであり、目指された目的地に目を固定するというよりも、自分がどこに向かっているかを見ているのである。

驚愕と感嘆

すべての生は、服従することと熟達すること、熱望することと把握すること、期待することと知覚すること、さらけ出すことと調子を合わせることの間の緊張状態にある。どの場合でも、前者が先導し、後者がそれに続く。導くのは、**注意の中で湧き上がる熱望**であり、その後に続くのは、**正確に指示され、たくみに実行される戦略**である。さらに、ひとつの可能性だけがあるものとして、こうした生はどこから始まるわけでもどこで終わるわけでもなく、いかなる時にも続いていく——つまり、オーストラリア先住民の宇宙論の「いつでも」へと。だが私たちは、死すべき存在はいつか必ず死ぬことを知っている。それでは、生の無限性と個体のライフサイクルの有限性はどのように調停することができるだろうか？　ここで、世代の問いに戻ることになる。生は、ひとつの可能性だけがあるものとして、横軸的ではなく、縦軸的に生きられるものであることを指摘した。先に登場した縄の喩えを繰り返せば、これによって世代と世代が重なり、協働して未来を築くことができるようになる。それぞれの世代は、次の世代を生み出す際に、気遣いの気持ち、さらには愛の気持ちを込めて、みずからの子孫によりかかる。確かに、ここに生のほんとうの可能性が秘められているのだろう。このことが、生が感嘆《アストニッシュメント》をもたらす理由でもある。だが、私たちが期待することと予測することを区別したのと同じように、感嘆とは驚愕《サプライズ》とまったく同じというわけではない。

予測は、世界が説明可能であるという、うぬぼれた考えに拠っている。これが科学のやり方であり、それは驚愕に満ちている。科学者はみずからの予測が誤りであったことがわかった時には、驚愕する。だが、彼らは予期せぬものを大切にする。なぜなら、それは出来事が起きていて、進歩していることを示すからである。科学は推測と反証の手順をカール・ポパー[*17]の哲学に負っているが、それに従えば、いかなる研究分野における進歩も、予測の失敗に関する記録が積み重なることにかかっていることになる。あらゆる推測は「手を上げろ《ホールドアップ》」であり、それが逆方向に展開する世界と衝突する際、その反証が後に続くのは避けがたい。このことはまさに、憧れること《ロンギング》の裏返しである。これまで見てきたように、私たちが憧れるものは、常に手の届かないところにある。そのため、憧れる道とは、超えたところにある道であり、文字通り方法《メソッド》(古典ギリシャ語で「超える」を意味する *meta* と「道」の意である *hodōs* から)なのである。反対に、科学は真正面からその対象をねらうのを好み、それに到達するだけでなく、思考カテゴリーによってそれを把握することを目指す。そのことは、調査者が調査対象となっている現象と情動的に接触するのを予防するために明示的に考案された手続きによっておこなわれる。これは、方法《メソッド》ではなくて、方法論《メソドロジー》なのである。

ところが、不確実性が驚愕を生む一方で、可能性は感嘆への道を開く。注意を引く人や物を憧れる者たち――多くのいわゆる先住民や、大人の規律訓練的な抑圧によってその精神をまだ砕かれていない、たいていの子どもたち、そして抑圧のくびきを投げ捨てた老人たちを含む――は、絶え間なく感嘆することはあっても、決して驚愕することはない。彼らは、世界が原理的にさえ予測可能であるか、もしくは説明可能であると信じるほど傲慢ではない。彼らの開放性、つまりさらけ出されていることは、彼らを傷つきやすいものにするが、それは強靱さ、回復力、知恵の源泉でもある。これによって、それに続く対応が可能となる。感嘆に満ちた注意とは、事物の動きに沿って、それに対応するようなものである。それによって私たちは、事物と応答《コレスポンド》できるようになる。この言葉で私が言わんとしているのは、たとえば、手紙もしくは会話での言葉のやりとり、贈りものや握手の交換のように、存在や事物が**同じ**方向を向いて、ともに進んでいく時に、文字通り互いに応えあう過程である。*18 この意味での応答とは、上に積み**上がる**ことではなく、手を取りあうことである。そして、まさしくこのことが、絡みあった世代と世代がともに進んでいくやり方である。彼らは応答するのだ。

　最近ラジオで、有名な宇宙飛行士が話すのを聞いた。彼は、さらなる探査の足がかりとして、月に有人ステーションを建設する計画に興奮していた。まずは火星に、そしてその次は……と。「要するに人類というものは」ますます広がり続けるフロンティアを突き進むのだと彼は信じていた。この宇宙飛行士は、来るべき世代に対してインスピレーションを与え、人類による宇宙征服を待つ、計り知れない機会についての意気込みに熱心に火をつけようとしていた。彼がみずからの意見に誠実だったことは疑いない。しかし、そうした見解は私自身の子ども時代の出来事を思い出させることになった。八歳か九歳の頃のことだ。一方に茂み、もう一方に農地のある通い慣れた道を通って、学校から歩いて帰宅していた。茂みの中から棒状の物が突き出しているのが見えた。それは銃身だったのだろうか？　私は怖くなってゆっくり進んでいくと、ひげの生えた老紳士が下草のところにしゃがんでいるのが見えた。それは望遠鏡だった。「何

している の」と私は尋ねた。「月を見ているんだよ」と彼は答えた。今日の科学が宇宙飛行士の野望という重いブーツの下で粉砕した感嘆を取り戻すために、その老人の例に期待することはできるだろうか？

科学は惑星に到達するという使命を帯びており、その使命を貫徹するのに必要とあらば、大量のロケットを打ち上げるだろう。しかし、その老人はそのような意図は持ちあわせていなかった。結局のところ、彼の道具は銃ではなかったのだから。彼は月を観察することによって、自分の目を一方の、月をもう一方の極に置きながら宇宙に向かって線を撃ち込むのではなく、リアルタイムで月の輝きを自分の注意の弧に合わせていたのである。［図4・3］からわかるように、この弧は月と目を結ぶ線と直交する線をたどっている。それは憧れることの弧である。私たちの目的は、月を目標として狙うことなのだろうか、それとも月に憧れることであるべきなのだろうか？　宇宙飛行士は、現役世代の著名なスポークスマンとして、宇宙を未完のプロジェクトであると理解し、そのプロジェクトに志願す

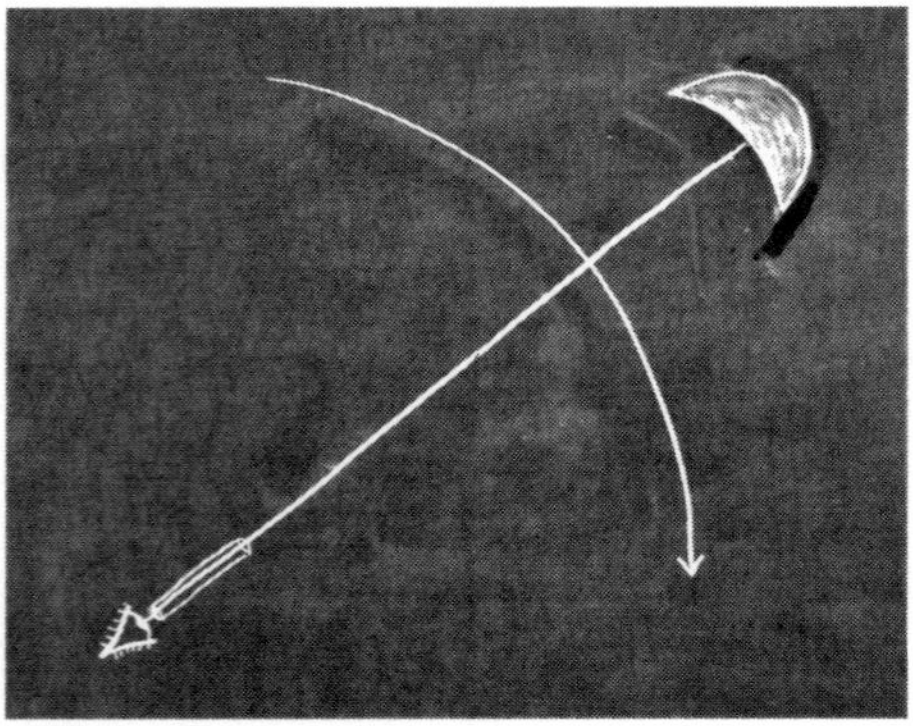
［図4・3］　目、月、憧れの弧

るよう若者に勧めていた。だが私は、老人が優しく望遠鏡を覗かせてくれた時に忘れがたい可能性を感じた。「生の天国を前にして、私は知識を失った。私は感嘆とともに立ち尽くしていた。……この先、これほど強いつながりに恋いこがれることはないだろう」[*19]と、詩人のライナー・マリア・リルケは書いた。私がその日学校からの帰り道で出会ったのはリルケの分身だったのだろうか？

第5章　喪失と絶滅

種のカタログ

地球では非常警報が鳴っている。六度目の大量絶滅がさし迫っているどころか、すでに私たちにふりかかってきているという、科学からの警告が発せられている。もちろん、種が絶滅することと自体は何も珍しいことではない。それは、これまでに存在した圧倒的多数の種を待ち受けていた運命だったからだ。大量絶滅を通常の絶滅から区別するのは、比較的短期間のうちに失われる種の数と多様性である。約四億四七〇〇万年前、三億七八〇〇万年前、二億五二〇〇万年前、一億九九〇〇万年前、そして六六〇〇万年前に遡る、これまでの絶滅は、気候変動や火山活動、小惑星の衝突など、さまざまな理由に帰せられてきた。世界の生物相は、これらの絶滅によって大きく影響を受けているが、それらの原因となることをしたわけではない。しかし、六度目の絶滅は、生物たちではなく、その中のただひとつの種による活動の帰結としておおむね引き起こされてきたという点でユニークである。この絶滅がいったいいつ始まったのかに関しては、多くの議論がなされている。それにもかかわらず、今日生じている突発的な出来事は近年のものであり、人間による他種の直接的な乱獲、生息地の暴力的な破壊、その結果として生じる新たな病原体の放出、そして何よりも産業規模で化石燃料を燃やすことによる気候の変動に帰せられることには何の疑いもない。

科学に疑問を呈したり、六度目の絶滅が地球上の生命に与える脅威の規模を軽視したりすることは、私の意図するところではない。現在地球上に存在する約八〇〇万種のうちの四分の一しか存在しない惑星——今後三世紀以内に現実のものとなりかねないと、一部の研究が示唆するような——は、私たちが現在住んでいるこの惑星の影にすぎないのだろう。一年に一〇〇万種のうち一種という基本線となっている絶滅率と比較すると、現在の値は数百、さらには数千倍も大きい。だが、私が主張したいのは、以下のことである。発見されたり失われたりした種の数を数えることで、生命の繁栄あるいは逆にその衰退を測ることは現役世代に特有のものだが、これは、人間が他の生命との共存を続ける上では、ほとんど何の役にも立たない。なぜなら、現役世代が、現在の領有権を主張する時には、人間の先行者たちだけではなく、彼らがともに人生を送ってきた他の者たちもしくは物たちの複数の世代にも背を向けてしまっているからである。事実上、現在におけるこの転回は、自然を、その未来が保全の中にしかありえない、過去のアーカイブへと変換することになる。

自然界に対するこのアーカイブ的なアプローチは、それを種ごとに分割することにすでに明白に表れている。この用語をめぐる多くの論争はさておき、ダーウィン革命をきっかけとして新たに形づくられた近代生物学にとって、種とは、共通の祖先を持つという理由でまったく同一というわけではなくとも、家族的な類似性を共有することを運命づけられた個体の集まりなのである。すべての個体には、種のアイデンティティが最初から与えられている。それは、生を通して成長するものではないし、決して変更したり捨て去ったりすることはできない。それは、以前の世代から複製された一連の属性によって、つまり、相続によってのみ決定されるのであり、おこなうこと、生息する場所、築く関係、生まれる子孫のような、その生き物が世界において営む生に先んじており、さらにはそれから独立している。そのため、ある種の個体を、共有された遺伝的性質に基づいて分類学的にグループ分けしても、ある生の形態への集団的な参加については何も語ってはくれない。種をめぐる思考は、それが依拠する系譜学的モデルの原理に沿って、個体の生が逸話で溢れる現在において使い果たされ、後世のためにその特性の仕様しか残さないことを当然のこととみなしている。

だが、生は続いていく。詩人アラステア・リードの言葉を借りれば、生命はすべて「成長し、飛び、生じている」のであり、目の当たりにする者たちの中に、「愛することの**感嘆**」を呼び起こす。[*1] ところが、生物圏を種ごとに区分けし、その数を数えることは、あらゆる生き物に活力を与え、そこからその生き物が形づくられるような生命力を吸い上げることなのである。それは、各々の生き物を形質の束に還元することであり、その形質は、その生き物を綱《こう》［訳注：分類単位］に振り分けるために認識されたり、チェックマークを入れられたりする。時々、博物学者は、どのような分類単位も割り当てられていない個体に出くわして**驚愕する**《サプライズド》。だが、その剰余は新種の発見を誇らしげに宣言することによって、即座に抑え込まれてしまう。科学にとっての勝ちがひとつ増え、生命にとっての負けがひとつ増えたというわけだ！　それは、まるで、生ある世界全体がカタログ——またの名を「生物多様性」として知られる——であるかのようであり、博物学者は、そのカタログのキュレーターとしてみずからを任じたのだった。それぞれの種はカタログの項目であり、あらゆる生き物の個体は、その型の標本なのである。これ以上生きた標本がみつからなくなった場合、科学は、その種が絶滅したとみなす。自然というカタログの中に *Raphus cucullatus*（ドードー）を探ってみると、ゼロ件、つまり「在庫切れ」という応答が返ってくるのだ。

　だが、実際のところ、消すべきもの、つまり吹き消すべき生命力の火花がなければ、そもそも絶滅は生じえない。それでは、種の輝きはどこにあるのだろうか？　生き物がカタログ化され、種のアーカイブに登録されるようになるにつれて、その生命力は弱められる。そこから命が抜き去られてしまうのだ。このように、生物多様性の科学は、世界を区分けする中で、自然が生み出す、つまり子孫《ビゲット》をなすアナーカイブ的な力を抑え込むために、あらゆる場面において作動する絶滅機構の役割を果たす。自然《ネイチャー》がその名を得たのは、まさしくこうした生み出す力からだったのではないだろうか？　それは、「生まれる」を意味するラテン語の *natus* に由来する。ローマ人の著述家ティトゥス・ルクレティウス・カルスは、彼の散文詩『物の本質について（*De rerum natura*）』において、明白な女性形を用いて、自然を「物事の創造の女神《クリエイトレス》（*rerum nātura creatrix*）」として論じた。[*2] 彼女は、子をなす者であり、大地から取り出す者《アンアーサー》である。現在に軸足を置く現役世代が、かつて私たちの前にいて、常に新たな生命を誕生させていた自然を、私たちの背後にあって、遺産として保護されるべき自然へと変えてしまったというのは逆説的である。このことが、自然からその真の精髄がある出生《ネイタリティ》の約束それ自体を奪ってしまう。種の喪失を嘆いてもいいのだが、生命は科学それ自体によって消去され、すでに失われてしまっているのだ。[*3]

子をなすことの系譜

それでは、種―生命のようなものは存在しうるのだろうか？　もし前の段落での議論が信用されるのだとすれば、そうではないように思われる。なぜなら、これまで見てきたように、進化による変化の対象として種を設定する系譜学的モデルの論理それ自体がまた、個体発生論という生成期間を超えて、あらゆる生命の発現を無効にしてしまうからである。近代的な進化生物学の総合説をつくりあげた主要人物の一人であるジョージ・ゲイロード・シンプソンは、一九五一年の論考の中で、種を次のように定義した。「それ自体の独立した単一の進化的役割と傾向を有し、他と分かれて進化する系統発生的な血統（相互に繁殖する集団内にある祖先―子孫の連鎖）」。[*4] シンプソンは古生物学者であり、自然史博物館での仕事にとてもよく精通していた。遺伝したと推定される形態上の変異に基づいて、正しい先祖―子孫の順序で並べるために、細心の注意を払いながら化石標本を測定している彼の仕事姿を、私たちは思い浮かべることができる。彼は多くの枝を持った系統樹を構築しているのであり、それぞれの枝は、彼が系統と呼ぶものを表している。彼が絶滅を目のあたりにするのは、枝の末端である。しかし、生きている木と違って、系統の枝は生長しない。むしろ、それぞれの枝はつながりの鎖なのである。

だが、これが種を想像する唯一のやり方というわけではない。系譜学的モデルの構造に代わる、おそらくより古い起源を有する別のやり方がある。結局のところ、「種」という言葉は、「見る、刮目《かつもく》する」を意味するラテン語の *specere* に由来する。それゆえに、私たちの周りで起きている――前述したリードの言葉を想起するならば――「成長し、飛び、生じている」を、目を開いて見てみよう。あらゆる場合において、私たちが目にしているのは、特定の分類単位に属する、生きているものとかつて生きていたものたちの標本ではなく、ある特定の生き方の発現であり、終わりのない創造の仕事、つまり能産的自然 *natura naturans*［訳注：自然が生み出すこと］の中で、自然が彼女の手を差し出してきて、露わにしていることのしるしである。この世界では、あらゆる生き物は、それがおこなうところのものなのである。キツツキは木をつつき、アリクイはアリを食い、スイカズラ《ハニーサックル》は、蜜を吸おうとするハチのために蜜を提供する。生き物を観察することは、このような活動が続いていくのを目の当たりにすることである。カール・マルクスが『経済学・哲学草稿』の中で動物の種―生命について論じたのは、この意味においてであった。「種の特質全体は、その生命活動の特質の中に含まれている。……それは、生命を生み出す生命である」とマルクスは主張した。[*5] 一言で言えば、あらゆる種はその子をなすことの一様式なのである。

マルクスの関心は、**種―生命**から**種―存在**への視点の切り替えを理解することにあった［訳注：類的存在をめぐるマルクスの議論が知られているが、ここでは文脈に照らして種―生命、種―存在と訳している］。後者で彼が言わんとしたのは、人類がみずからを自然の上に、そして自然に対峙する位置に置き、生命を生み出す自然の力に背を向けるという、人類特有の立場である。そこでは、人間存在とその先行者たちだけではなく、他のあらゆる生き物たちの生命や労働が、まるでバックミラーのように対象化された形で映し出されたのである。この映し出された像では、子をなす生産的な活動は、生み出されたものが続いていく姿としてふたたび現れ、さらに過去へと退いていく。それは、まさしく先祖―子孫の連鎖としての系統《リニージ》という考え方につながるものであり、シンプソンによる種の定義はその模範例を提供している。ところが、第1章で確認したように、子をなす系統はまったく異なる順序に属するものである。それは、生む側、生まれる側という順番にしたがって、横方向ではなく縦方向に並び、重なり合う協働の中で続けられる、たくさんの生命というひとつの生命である。その線は接続するのではなく、生長するのであり、生きている木のように枝分かれして芽を出す。それらは、相続の線ではなく、持続の線である。では、子をなす系統、つまり種―生命の系統が絶滅するとは、何を意味するのだろうか?

世代間の継続が保証されている限り、異なる種は互いに依存しあい、しばしば複雑な網の中で絡まり合い、その間ずっと、それぞれの振る舞いが変わるのに応じて、他の種とともにみずからの生を歩み続けるだろう。絶滅研究という新興分野の第一人者であるトム・ヴァン・ドゥーレンは、これら種―生命の**飛行経路**を、「はるかな歴史を介した世代間の運動の線」と呼んでいる。[*6] 子をなし、老い、死んでいくという集合的な労働に対する、多かれ少なかれ暴力的な介入によって、再生の可能性がもはや望みえなくなってしまう時に種―生命は、消滅する。失われてしまうのは、あるタイプのうちの最後に残ったトークンではない。つまるところ、たとえば動物園のように、人工的に保存された生きた標本が、破壊されてしまったそれらの先祖たちの生き方よりも長生きすることは、大いにありえる。それはむしろ、それ自身のたぐいだけではなく、他のたぐいたちに対しても未来への約束をともなう生の様式、つまり伝統である。種―生命の自然なもつれにおいては、一本の糸が切断されただけで、もつれ全体がほどけ始めてしまう。しかし、ほどけてしまうことは、最後の標本個体の死滅のように一回限りの日付が特定できる出来事ではなくて、長い期間にわたるものとなる可能性がある。

　それにもかかわらず、ヴァン・ドゥーレンによるこの趣旨説明が示しているように、絶滅研究でさえも、現役世代の手から逃れ切っていない。ヴァン・ドゥーレンが言うには、彼は「私たちがありうる未来を形づくるために、いかに過去の遺産を相続するか」に関心を持っている。[*7]この文によって、種―生命は即座にアーカイブに割り当てられ、それに基づいて、現役世代の私たちが後継者たちのために未来を形づくることができる。それは、人間であろうと、人間以外の存在や霊的な存在であろうと、祖先たちの導きに従うことからはほど遠く、彼らに背を向けて、彼らの生を保全されるべき遺産に変えることである。ヴァン・ドゥーレンが論じる飛行経路は、持続の線ではなく、相続の線であることがわかったのである。疑いの余地を残さないために、ヴァン・ドゥーレンは、系譜学的な継承とは、受け継がれる変異の蓄積に対して働きかけ、新たな生命形態をつくりだす自然選択であると明示的にモデル化している。遺伝する変異の蓄積に対して働きかける自然選択として明示的にモデル化して、新たな生命形態をつくりだしている。だが、自然選択がおこなわないのは、子孫の労働の中に先祖の功績を永らえさせることである。ヴァン・ドゥーレンがそうした論じ方をしていないことは、子をなすことから遺伝へと、いとも容易に話がすり替わってしまうことを示している。[*8] これは危険なすり替えであり、次節で人種《レース》概念がたどった道のりから見ていくように、その帰結は致命的である。

人種と世代

人類学者エリック・ウルフは、「人種概念は殺人と大量虐殺の責任を負っている」ことを私たちに思い起こさせる。[*9] だが、人種概念が殺人や大量虐殺の起因となるのは、それが人間の世代に関するある特定の理解と結びついている間だけである。実際のところ、歴史を通じて、人種と世代の概念は、切っても切れないものであった。ある説は、この二つの用語の間に語源的なつながりがあるとさえ論じており、「人種《レース》」は同じラテン語の動詞 *generare*「子を産む」の短縮形から派生し、「世代《ジェネレーション》」の語源にもなったと主張している。別の説では、「人種」を、種馬の繁殖用の囲いを意味する古フランス語の *haraz* に遡るとしており、この言葉自体はアラビア語の「馬」を意味する *faras* に由来する。[*10] これらの語源説が正しいか否かはさておき、人種と世代に関する考え方は常に密接に結びつけられてきたので、どちらか一方についての考え方を変えることは、もう一方についての考え方に必然的に影響を及ぼすことになる。だから、世代が縦方向に並んでいる場合には、それぞれの人種は、子をなす系統、すなわち複数の織地が組み合わされた種―生命の織物のうちの一筋として描かれる。ところが、世代が垂直に積み上げられると、すべての人種は、人類のある特定の層として再び現れ、その層は、種の遺伝の系統に沿って、先行者に取ってかわるようになり、次には、後続者に取ってかわられる運命にある。

「人種《レース》」という言葉が使用された当初は、劇作家トーマス・シャドウェルの一六七六年の悲劇『放蕩者』の一節――「私は家族の中の最後の一人である。私がしくじれば、私の種族《レース》がしくじることになる」[*11]――にあるように、家族の血統を強調したり、しばしばそれが最終的に絶えてしまう見通しへの後悔の念の色合いを帯びたりするなど、親族関係や共通の祖先のニュアンスが含まれている。世代が人種に転じたのは、争いの時代、すなわち種―生命の糸がほどけ始めて、子をなすことの持続性が危ぶまれた時代だったように思われる。しかし、この争い自体が、進歩の原動力であると考えられたらどうなるのだろうか？　このような場合には、種―生命の流れに合わせるのではなく、その流れを切断する世代間の交替の歴史において、重点は子をなすことから相続へと移っていく。チャールズ・ダーウィンは、自然選択の理論を人類進化に適用しようと試みた『人間の由来』の中で、「野蛮人たちの絶え間ない戦争の最中」、より多くの割合で「才能に恵まれた男たち」を有していたおかげで、「成功した部族が他の部族に取ってかわることができた」と書いている。[*12] より優れた知性と道徳的な不屈の精神に恵まれた勝者が、その恩恵を相続によって次の世代に授け、次に戦う部族の軍隊に負かされてしまうことで必然的に進歩が続く。

ダーウィンの言葉をもう一度借りるならば、この筋書きでは、「絶滅はおもに部族と部族、人種と人種の競争から起こる」。[*13] この箇所でも、また別の箇所でも同様に、ダーウィンは「部族」と「人種」を交換可能な言葉として用いている。たとえば、彼がそう遠くない時期に「文明化された人種がほぼ確実に世界中の野蛮な人種を絶滅させ、それに取ってかわる」時代が来ることを予期している箇所である。[*14] あらゆる競争に勝者と敗者がいるのと同じように、この説明では、進歩と絶滅は同じコインの表裏の関係にある。片方はもう一方を抜きにしてはありえない。植民地を有するヨーロッパの列強は、ダーウィンの予測を口実として、文明の進歩の名の下に、みずからが征服した土地に先住する民族の根絶を急いだのである。一九三〇年代になっても、著名な解剖学者であり、王立人類学協会の会長を務めた経験もあるアーサー・キース卿は、人種間の競争がまさしく進化の前進の原動力であると考えていた。キースによる人種の色分類では、黒色から褐色と黄色を経て、白色に及んでいる。彼が言うには、異なる色を混ぜても当たり障《さわ》りのない平凡な色合いになるだけであるが、純粋な色同士が競争した場合、明るい色のほうが勝ち、最終的にはより暗い色のイトコたちを世界から排除する。[*15]

教育も名声もある人々が、どうしてそのような見方を受け入れることができたのだろうか？今日、そのような考え方は、私たちには醜悪で不快なものであるように思われる。だが、それらが心から信じられていたことを疑う理由はひとつもない。私が言いたいのは、それらは進歩を、より優れた者を取り込む一方で、より劣った者を根絶する歯車装置に帰するような、人類の世代の歴史に関するある特定のパラダイム内でのみ考えることができるものであるということだ。このパラダイムの観点からみれば、あらゆる現在の世代は、未来をめぐる実存的な闘争の場であり、後継者が新たな現在を力ずくでつかみ取ることによって、最終的には敗北に終わる。ダーウィンやキースのような者たちに受け入れられたたぐいの科学的な人種学は、大まかに言うならば、このパラダイムの病理と考えると、最もよく理解することができる。人類の世代が、一段ごとにより優れたものに進歩していく積み重ねられた層のように、互いに取ってかわるのだと考えるようになって初めて、人種という概念が今日持つような有害なニュアンスをまとうようになったのである。現役世代にとって、この考え方は、生存競争において、死に抗う最終的な勝利という、トランスヒューマン的な幻想に糧を与えるだけではなく、白人至上主義者の間で流行する、差し迫った「大いなる交替」に対する不安を扇動する。だが、人種の交替という教義は、決して陰謀論の荒波が打ち寄せる岸にとどまるものではない。それは、現在でさえも、たとえば、いかにネアンデルタール人（*Homo sapiens neanderthalensis*）が、それより優れているとされる「解剖学的に現代的な」亜種（*Homo sapiens sapiens*）に取ってかわられたかを語る物語において、人類進化の科学に情報を与え続けている。[*16] 同じ物語をおぞましくこだまさせるかのように、かつて地球上で最も未開であるとみなされたタスマニアのアボリジニの人々は、一九世紀に白い肌をした入植者によって絶滅へと追いやられたと長い間信じられてきた。それにもかかわらず、今日でも人口が多く活気に満ちたタスマニアのアボリジニ・コミュニティがあり、彼らの先祖にはアボリジニの人々だけでなく、入植者が到来するずっと以前から島の先住者たちと関係を築いてきたヨーロッパ出身のアザラシ猟師たちも含まれる。[*17] タスマニア人の絶滅の物語は人種主義者の神話であることが明らかになったのである。では、旧石器時代には、何か違いがあったのだろうか？　あらゆる証拠は、ネアンデルタール人が約五万年間にわたり「現生人類」と混血してきたことを示している。過去において、人類が複数の個別の亜種であったのと同様に、今日の人類もまた単一の亜種もしくは人種からなるというわけではない。彼らは混ざり合っていたし、それは今日でもいまだにそうである。

保全と、ともに生きること《コンヴィヴィアリティ》

一言で言えば、混ざり合った状態が私たち人類のあり方である。あるひとつの種類もしくは［肌の］色の優位性をめぐる闘争は、歴史の長い過程の中で常に場当たり的にごたまぜになることに道を譲ってきた。どの系統も、みずからが継続していくことを確保するための最善の希望は、結びつく他の系統を探すことにあることを知っている。だが、他者と結びつくことは、みずからの系統と他者の系統を区別することでもある。これは、すでに生の流れから切り離された、受け継がれた――遺伝的にであれ文化的にであれ――情報の粒子を組み替えることによって後に続く世代の水準で生じる、進化論者にはなじみ深い差異のたぐいではない。私が言わんとしているのはむしろ、人間の世代が絡まりあいながら、互いに肩を寄せあいつつ、ともにある者たちの資質や気質をそれぞれの構成の中に内包していくにつれて生じる差異のことである。多くの生命からなるこの生命は、境界づけられた多様性ではなく、境界づけられない差異によって特徴づけられ、どのような分類学的な区分をも受け入れることはない。そのことは、人間に限られているわけでもない。なぜなら、人間の生命は、膨大な数にのぼる種—生命が他に現れるのとともに展開するだけでなく、他の種—生命は人間の活動がない場合でも互いに絡まりあいうるからである。

あらゆる生ある存在がそれ自体としてではなく、絡みあった生命―線の結び目として存在する世界において、絶滅することは何を意味するのだろうか？　そもそも絶滅について語ることに意味があるのだろうか？　生命が閉じ込めることができないようなものであり、糸の結び目のように出入りを繰り返すものであれば、あらゆるものが絶滅しない限り、真の意味で絶滅するものは何もない。だが、絶滅の物語が語られるためには、それを語る他のものたちが残っていなければならない。どのような生き物も、みずからの絶滅の歴史を語ることはできない。もし人類が地球上から消え去ってしまうのであれば、動物の歴史家たちは人類の死を語るのだろうか？　よりありえるのは、人間が初めて到来する前と同じように、動物たちが何事もなかったかのように続いてゆくということだろう。マルクスが強調したがったように、動物は「その生命活動と直接的に一体化している」。[*18] 動物は、生を物語として生きることができる。動物は、この生を生きることにおいて物語を**語る**、と私たちは認めることさえできるのだ。しかし、動物にできないことは、生きることと語ることとを区別し、みずからの生を生きることの中に**他の**生の物語を織り込み、それらをともに多くの生からなる物語へと編み上げていくことである。この能力は確かに人間に特有のものである。

もしそうであるならば、絶滅の物語はそれらを語る人間を抜きにして存在しえないことになる。しかし、だからと言って、絶滅が、あらゆる人間の語り手が認めるテーマであると言っているわけではない。私が主張したいのは、それとは逆に、絶滅とは現役世代の台頭と関連したある種の時間的な観点の反転にともない、主題として生じてきたものに過ぎず、博物学のテレビ番組の有名な司会者の名にちなんで、私がアッテンボロー症候群と呼ぶものにおいて、今日頂点に達するということである。[*19] 非常に人気のあるこれらの番組は、世界の隅々での種―生命の壮観な映像を、おもに裕福な北半球《グローバルノース》の数えきれないほど多数の家庭の居間にまで送り込んでいる。それらは、この世界は全人類に共通の遺産であり、私たちの保護を求めているというメッセージをともなっている。しかし通常、人間はその映像の中には映っていない。彼らが目にするのは、各エピソードの末尾に追加された付録映像にのみ登場し、その付録映像では、ハイテク機器を装備し、しばしば最も辺境にあるロケ地にいる映像制作者である。そこには、自然は保護を必要としているというメッセージとともに、救いは世界を飛び回る科学技術エリートの手中にあるという、もうひとつのメッセージがパッケージ化されている。なんとうらやましいことであろうか！

　重要なのは、スクリーン上で見るものに興奮した現役世代の子どもたちは、みずからも科学者や映像制作者になることを夢見ている一方で、他の者たちは、保全されるべきコレクションとしてのみ存在する自然界を受け入れるだけの観客という役割に安住するということである。描かれている種の希少性、つまりそれが絶滅に近づいていることによって、私たちの興奮は高まる。しかし、これらの映像を私たちのスクリーンにもたらすテクノロジーは、産業の発展という別の物語の主題である。現在という視点に立っている現役世代は、保全か開発かの選択、つまり過去の遺産を保護するか、必然的にそれを超越する未来を予期するかという選択に直面していることに気づく。限りある地球上で、両者のための空間を確保することは、両者の対立を生む傾向にあり、解決策を見つけるための努力が、現在の国際的な舞台における環境政策決定の議題の大半を占めている。一般に、種の多様性を監視し、それを来るべき世代への遺産として保護するように任命された管理者や研究者の活動を除いて、人間の干渉から自由となった、野生動物の避難地として指定された保護地域、つまり「公園」の厳密な境界を設定することの中に、その解決策は見いだされる。[*20]

このことが、影響を受ける土地の先住民にとって良い結果をもたらすことはほとんどない。先住民たちはしばしば、自分たちが決定するのにまったく何の役割も果たしていない政策によって、伝統的なやり方に従うことを禁じられてしまう。彼らにとって、保全も開発も何の保証も与えてはくれないのだ。むしろ、未来への約束は、先人たちがそうしたように、異なるたぐいの生き物たちが、それぞれの道を歩みつつ、お互いの性質に対して注意を払い、反応し続けることを可能にする、コンヴィヴィアリティ、つまり**ともに生きる**永続的関係を確立することにある。先住民の人たちが語る物語では、種の喪失は絶滅ではなく、彼ら自身の不品行もしくは外部の影響——とりわけ保全政策の強制的な押しつけや生き物のあり方に対して不敬であるとみなされるような開発——による、ともに生きる関係の不履行に起因すると説明される。これらの政策は、自然《ネイチャー》からその出生力《ネイタリティ》、つまり子をなす能力、したがって未来を事実上奪い取ってしまう。生物多様性は、カタログの区分けの中に閉じ込めることでしか保存できない。現役世代の私たちが現在の利害関係者であるという主張を放棄し、私たちの生を、私たちがその生に影響を与えて従わせている人々と**同じ**方向、つまり未来の過去《フューチャーズパスト》へと向け直さない限り、ともに生きることはありえないだろう。

第6章　人類を再中心化する

人間を超えて、人間する《ヒューマニング》

一九八九年、考古学者のポール・メラーズと古人類学者のクリス・ストリンガーは、『人間革命』と題する共同編集の論集を出版した。[*1] 彼らが追い求めていたのは、生命の歴史上、前例のない転換点であり、その転換点では、私たちの最古の先祖は、他のすべての生き物がしたがう運命にある自然の命令を置き去りにして、文化や文明として知られる、発明、発見、自己認識がますます増大する道を歩み始めるようになったとされている。それは、むしろ謎めいた形で「解剖学的に見て現生人類」として知られるようになったものの起源を求める探求であった。前章で私たちは、これらの登場人物にはすでに出会っている。彼らは今日の人類と似た体格、匹敵する認知的、言語的、象徴的な能力を備えている。だがそれにもかかわらず、彼らは、新たに獲得した能力が明らかにしてくれた歴史の広大な眺望をあたかも初めて眺めているかのごとく、文化的には出発点に立っているのだと想像されていたのである。ネアンデルタール人を含む、名目上「古代的」とされる、より以前からの人類の種は、過去に囚われたまま、古いやり方にしたがっているだけである一方、これらの「現生の」型はついに存在論的な閾値《いきち》を超えたのである。彼らは、ただの人間ではなく、真の意味で**人間である**とはいかなることなのかを発見しつつあった。彼らは未来なのであった。

しかし、現生人類が自然に対する態度変更によって誕生したということは、二〇世紀の科学が発見したことではない。それはむしろ科学そのものが拠っている前提である。メラーズやストリンガー、および彼らの同僚たちは、先人たちが利用可能であったもの以上の豊富な経験的データを活用することができたが、彼らが探求した革命は、一七世紀後半から一八世紀にかけて、人類を地上の苦境から解放する理性の普遍的な力を確信した啓蒙思想の哲学者によって定められた憲章の中にすでに組み込まれていた。彼らの目には、理性と自然は反対の方向へ、つまり自然は過去へ、理性は未来へ向いているように映っていた。だが、異論を差し挟む余地のない生身の生き物であり、理性と自然の両方に足を置いている人間は、未来と過去の間で引き裂かれ、科学を含む文明の果実と動物的な本能の遺産との間でバランスを取らなければならなくなったのである。このことによって、「人間」という言葉そのものが、ある種の二面性を示し、二つの状態の間で引き裂かれ、どちらに属するかを決めることができない生き物のジレンマを象徴するようになった。それは自然の一種なのだろうか、それとも自然を超越する状態なのだろうか? 科学は、解剖学的に現代的な亜種に、*Homo sapiens sapiens* という二連になった名前を与えることで、両方の意味を持たせようとしたのだろうか？［訳注：ホモサピエンス（現生人類）のうち、クロマニョン人以降現代人までをホモサピエンス・サピエンスと呼んでいる］。

ほんの半世紀前には、古人類学者は臆することなく「初期人類（early man）」の生活と時代について語ることができた。[*2] 初期人類は、起源的には疑いなく人間存在《ヒューマン・ビーイング》であるが、その存在様式が彼らの霊長類のイトコである類人猿のそれからほとんど抜け出るものではなかったため、人間であること《ビーイング・ヒューマン》からほど遠いとみなされていた。これらの太古の、だが子どものような人間がついに自然と決別し、歴史に向かう冒険を始めるには、［図6・1］に示されるような大規模なUターンを必要とする。近代の創造神話に記されているこの画期的な瞬間は、あらゆる現役世代が成人を迎えるにつれ、人生のスケールで反復される。それは、親子関係――子をなし、子となること

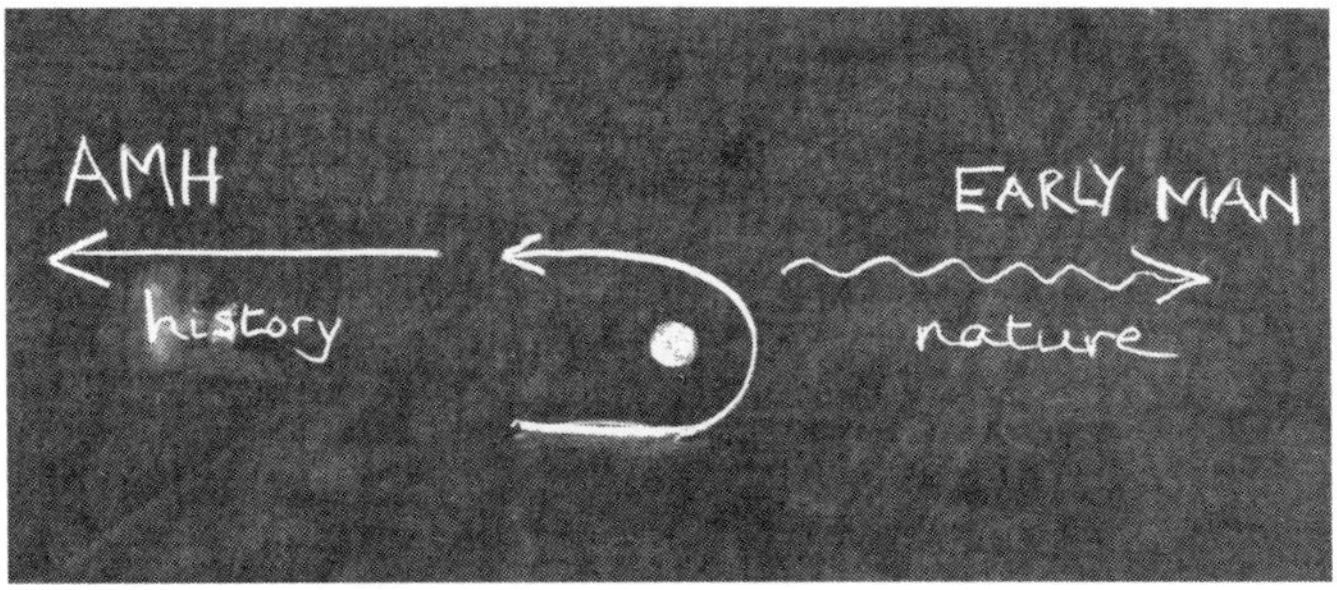

［図6・1］　初期人類、解剖学的に現代的な人類（AMH：Anatomically Modern Human）および「人類革命」

――の糸が断ち切られ、はっきりとした自己意識と世界を変えるための力に置き換えられる地点である。このようにして、現役世代は、現在の領有権を主張する。人類史における初期人類の時代と同じように、子ども時代という「初期」は過去に割り当てられている。つまり、それはもう終わってしまったのである。小説家のL・P・ハートレーは、彼の成長のサーガである『恋〔訳注：原題：仲立ち〕』の冒頭で「過去は異国である。そこでは人々の生き方がまるで違う」と書いた[*3]。

現役世代が、我こそは本質的な人間性を領有していると主張するのは、現在における自身のUターン――自然を背後に置き去りにして、文明を目の前に置くこと――を介してのことである。ところが、この主張は、親族関係ではなく増強、つまり理性による自然の、未来による過去の、新しいものによる古いものの増強に拠っている。他の存在と比較すると、人間は常に「「それ」以上」であるか、「ただの「それ」ではない」ものである。もちろん男と女から生まれたすべての生き物は血統的には人間であるが、現役世代の観点からは、子どもよりも大人、先史時代の初期人類よりも科学者や哲学者のように、一部の者たちは他と比べて、より人間なのである。ヨーロッパの入植者たちは、同じ論法を用いて、自分たちが征服した土地の人々を人間以下として扱い、強制移住させ、奴隷化し、さらには虐殺することさえ正当化するだろう。実際には、現代の多くの批評家にとっては、「人間性《ヒューマニティ》」は、人種差別や植民地主義との連想によって汚れてしまっており、使用すれば欺瞞《ぎまん》を生じさせ、あまりにも不当な言葉になってしまったため、脇に置いておいたほうがいいものになった。植民地主義的な抑圧から解放された世界は、人間性やそのうぬぼれを排除しなければならないと、こうした批評家たちは主張したのである。

だが、人間性に終わりを告げるのと、人間《ザ・ヒューマン》にそうするのはまったく違っている。啓蒙時代の発明品として、「人間性」は、ヨーロッパ思想のここ数世紀の遺産の一部である。しかし、「人間」という言葉はそうではない。その起源ははっきりしないが、少なくとも古典ラテン語の*hūmānus*にまで遡り、動物や神に対置される人《パーソン》に関するものである。だからと言って、古代ローマ人が清廉潔白であったわけではない！ 彼らはその時代の帝国主義者であり、人間の奴隷を家畜と同じように分類して、市民〔訳注：奴隷ではない自由民〕だけに人格《パーソンフッド》を認める傾向があった。間違いなく彼らの時代にも、私たちの時代と同様に、人間文明の名の下で、動物、奴隷、植民地化された人々に対して、あらゆる種類の虐待が加えられたのである。だが、どの言葉も、その名の下に犯された虐待に関して責任を負うには値しない。また、複数の世代が集合的な自己創造の作業を続ける種―生命の、つまり子をなし、子となる過程のために、「人間」が再請求されてはならないというア・プリオリな理由など何もない。「人間《ヒューマン》」を動詞に変えて、その過程を「人間する《ヒューマニング》」と呼んでみようではないか？*4 そうすれば、人間は他のたぐいの存在以上のものではなくなる。むしろ、人間することで、人間は常に人間自身以上であることになる。

例外主義の告訴

この提案は新しいものではない。それどころか、それは啓蒙時代から約四世紀遡ることになる。カタルーニャの神秘主義者ラモン・リュイは、一三〇三年の『新論理学』の中で人間を「**人間は人間する《ヒュマニファイング》動物である**」と定義している。*5 リュイの哲学では、**人間する《ヒュマニファイ》**ことは、現役世代がそう理解するかもしれないように、あらかじめ考えられた未来に関するデザインを、自然の堆積物に押しつけることで、世界を人間化《ヒューマナイズ》することではない。むしろ、それは人間が、ありふれた生の中で、みずからの存在を築き上げることである。だとすれば、**人間らしさ《ヒューマンネス》**は、最初から与えられるものではないし、また決して完成されるものでもない。それは、生が続く限り、諸々の世代が縄のように絡みあっていく中で、継続的に働きかけ続けた生産的な成果として生じる。もちろん、この点では、彼らは他の生き物と何ら変わりない。彼らもまた彼ら自身を、そして互いを創造する過程の中で存在し、存続する——もしくはより良く言えば、持続する。これが、哲学者アルフレッド・ノース・ホワイトヘッドによる「宗教とその形成」についての一九二六年の講義における結論であった。創造性《クリエイティビティ》と創造《クリエイション》という二つのものがあるのではない。「自己をつくりだす生き物というただ一つの存在があるだけだ」とホワイトヘッドは主張した。[*6] そうだとすれば、主語や目的語はなく、動詞があるだけだ。

人間性の主張に対して最もよくなされる非難は「例外主義」である。例外主義は、他のあらゆる生命形態よりも上位に、つまり、世界を足下に抱くピラミッドの頂点に人間を置く習慣に由来するというのが告発の内容である。訴えのとおり、人類が有罪と認められたので、人間例外主義に対する批判者は、人間を底部に、その他の者たちを頂点に置けというちゃぶ台返しを要求する。このひっくり返しがもたらした効果のひとつは、かつて「非人間」と呼ばれていたものに「人間以上のもの」という名を与え直すことであった。これは、正しい方向への一歩である。非人間について語っても、その有害な例外主義に対する反撃にはならない。事物や存在を、それら自体として成立させる、こうした違いのすべてを、そうではないものの覆いの下に隠すことで、むしろそれを強化してしまう。キツツキをアリクイやスイカズラと区別するものは何もない。それらはすべて人間ではないという点で同一であり、等しく人間による手招きや呼びかけにしたがう。だが、人間以上は、優先順位を逆転させてしまう。私たち人間が彼ら以上である代わりに、今では彼らが私たち以上なのである。そのことは、人間だけが破ることができる自然の限界を、あらゆる他のたぐいの存在が超える人類の限界で置き換えてしまうことになる。

私たちが住まう世界には人間だけが住んでいるわけではないことは、「ポストヒューマニズム」として知られるようになったものに広く属する哲学者たちの布告からは信じられないことかもしれないが、土地や水系から生計を立ててきた人にとっては明白なことである。これらの哲学者たちは、あたかも息をのむほど新しい洞察であるかのように、「人間以上の世界」の発見を繰り返し唱えてきた。しかし、このことが、人間と人間以上の世界をつくるわけではない。なぜ、いまだに人間があらゆる被造物の共通分母として捉えられなければならないのだろうか？　もしあなたが水中や空中にいるのならば、陸上の生き物に関して、それらは魚以上の、もしくは鳥以上のものであると言うだろうか？　魚や鳥は、人間と同じように、常に自分たち以上のものではないのだろうか？　第4章から想起されるように、生命を定義づける性質とは、純粋な過剰である。だから私は、人類の限界を超えて人間の未来を見ようとしないポストヒューマニズムの哲学者たちに全く同意できない。彼らにとって、ありえる未来は、人間の**後**にしか来ることはできない。それとは逆に、私の主張は、すでに去ってしまった者たちのやり方にしたがう用意ができている人たちにとって、未来は、**人間していること**《ヒューマニング》の中にあるということだ。

確かに、絶えず生成し続ける世界《ワールディング》に、人間している存在を返してやることによってのみ、来るべき人間たちが、未来における惑星の繁栄に寄与することが可能になる。私は、地球上の生命に関する明白に**人間中心的な**見解を提案したことについて、ここで弁明するつもりはない。このことで言いたいのは、私たちの人間的自己を経験世界の中心に据える見解である。そして、この経験世界は、私たち一人ひとりにとって、私たちが存在するために他者たちに対して負っている恩義を認識しながら、あらゆる可能な変異と性質を有する、これらの他者たちを受け入れるために、私たちがいる場所から放射状に広がっている。これは、批判者によって人間中心主義が理解されるやり方からはほど遠く、彼らにとって、それは例外主義と同義である。人間をピラミッドの頂点に引き上げる例外主義的な立場が、まさしくその逆——**人類**《アントロポス》を世界の中心に位置づけること——であると、なぜ訴えられなければならないのかと問うことができるだろう。このような訴えは、頂点を中心と取り違えているだけではない。さらに深刻なことに、彼らが提供する環境中心主義という代替案にも、人間の生が来るべき世界を豊かにする余地はない。ところが私たちは、考古学的な研究から、人間の活動が生命の豊かさに大きく貢献したことを知っている。[*7] なぜ、それがもう二度と起きないと言えるだろうか？

　結局のところ、すべて進んでいく方向の問題である。人類を頂点に置く人間中心主義は、みずからの予期された目的のために、時間の経過を止めることができると考える、あらゆる現役世代の傲慢さから生じている。もちろん、そのことはうまくいかないし、その結果、現役世代は、最終的には次の世代の集団に降伏し、今度は、取ってかわったその次の世代が同じ運命に見舞われることになる。それが進歩である。それは、背後に積み重なる廃墟の山を残す。歴史の天使を覚えているだろうか？　天使は進歩に背を向けた。だが、楽園から吹き寄せる嵐が、彼が翼を閉じてしまうのを妨げた。しかし、天使のまなざしを追い、先人たちと同じ方向を向いて、ふたたび彼らの道に加わることは、終わりを知らない再生の道に沿って巻きつきあっていく複数の世代の間で、人間の生命を頂点からふたたび中心に位置づけることなのである。このような大転換においても、人間が例外的であるのを止めるわけではない。しかし、例外性の重荷は、支配から共存へと移る。結局のところ、人間以外のどのような生き物に、他の生命の物語とみずからの生命の物語を組みあわせて、世界のための大きな物語を織り上げることができるというのだろうか？

進歩と持続可能性

前章で人種について見たように、人間中心主義も例外主義も本質的には有害ではない。その有害さは、世代について私たちが考えるやり方、つまり積み上げるものとして世代を考えることが生んだものである。代わりに世代が巻きついていくものであると想像することは、人種を、子をなすことの系譜という本来の意味に回帰させるのみならず、周囲の生命が繁栄することについて、人間が有する例外的な責任を認識しながら、人間を世界の頂点から中心へと回復させることになる。私たちが進歩の廃墟から、みずからを掘り起こし、真に持続可能な生き方を見つけるためには、この回復が必要であると私は信じている。あまりにも長期にわたって、地球の資源は尽きることなどないと考えられていたために、私たちは、持続可能性を進歩的発展と結びつけた上で、地球資源を会計学の問題、つまり地球上に散らばった人類がいまだに継続的に利益を得るための貯蔵庫とみなされている世界で、採掘と再成長のバランスを取ることの問題として扱うことで、進歩と持続可能性の両方を同時に手に入れようとしてきた。それにもかかわらず、企業の権力やそれにともなう富にアクセスできない地球上のほとんどの人々にとって、こうした会計学的な意味での持続可能性の管理は、地球上に住まう困難をより少なくしたのではなく、ますます困難なものにしてきている。

だが、よりよく、より希望にあふれたやり方は、企業の採掘主義によって本質的に汚されているのだとして、持続可能性という概念全体を拒否するのではなく、**生を進ませ続ける**という概念の起源へと立ち返ってみることである。これは、人間以上の世界の中心に人間の存在を置くという、適切な意味における人間中心主義であり、そうした人間以上の世界の中心から、私たちは責任と気遣いに基づいて、地球とそこに住まうものたちとの関係を再交渉することができる。この意味で、持続可能的に生きることは、他者があなたに応じていくように、あなたも他者に反応していきながら、他者とともにみずからの存在を続けることを意味する。持続可能性は、応答《コレスポンデンス》である。これは、テクノサイエンスや環境政策の言説でしばしば想定されているような、獲得と喪失の数値的バランスを見つけるという問題ではない。それはむしろ、ライフサイクルについてのものであり、生ある存在がいかに存続もしくは持続するか、そしてそれらがいかにみずからの再生を確保するのかに関するものである。このことによって、人々が家族や親族、家や農地、植物や動物、人工物や風景の面倒を見る、あらゆる種類の日常的な気遣いの実践は、合理的な資源管理の政策を実施することの二の次にされることなく、生命維持活動として、ふさわしい価値が与えられるのだ。

しかし、世代の縦方向の絡みあいの中で測定される持続可能性は、根本的に、進歩的発展の目的論とは相いれない。それらは反対の方向を指している。一方では、持続可能な未来は、祖先のやり方を覚えていて、憧れる《ロンギング》ことの中にある。もう一方では、それは、近づきつつある未来と対面するために、先祖に背を向けることの中にある。もちろん、後者は現役世代の立場である。彼らの視点では、非持続可能性は、死すべき運命と同じように、解決すべき問題を意味する。彼らは、みずからが最後の世代になることを願いながら、永続的に稼働し続ける、自己調整的な全体的な地球システムを設計することを夢見ている。だが、この夢は死を解決するというトランスヒューマニストの幻想と同じくらい幻惑的である。現実には、現役世代がみなのために計画している「持続可能な未来」は、ただの計画でしかなく、あらゆる計画と同じようにそれは、他のものに取ってかわられる運命にある。対照的に、待ち望むことは、即興である。それには、目標も最終目的地もなく、続いていこうとする、抑えられない欲望があるだけだ。第4章の老人と宇宙飛行士に関する話を思い出してほしい。老人は月にあこがれていたが、宇宙飛行士は、彼をそこに連れていくロケットを欲しがっていた。どちらのアプローチがより持続可能的なのだろうか？

でも、あなたはこう尋ねることだろう。古いやり方にしたがうことによって、どうして再生がもたらされるのかと。確かに、古いものと新しいものは対極にあり、それぞれ、過去と未来に属する。実際のところ、そのようになるのは、現在にしっかりと足を据えた現役世代の視点から見た場合である。彼らは、進歩を抜きにして未来はなく、イノベーション抜きに進歩などありえないと主張する。自然な進化という遅い道から文化と文明という速い道へと歴史的に人類を押し上げることになった、拡大そのものの源は、これではなかろうか？　事物の新しさは、これまでのものからの逸脱によってのみ判断されうるため、古い事物は必然的に反復として現れる。あらゆる新しいものの出現は、時系列上の出来事であるが、その後の繰り返しの中で時間の鼓動そのものの一部となる。このことは、現役世代が老人を扱うやり方に見ることができる。彼らの世代が実権を握っていた全盛期には、これらの人々が積み上がっていく「初めてのこと」を増やすことで実際、歴史をつくってきていた。しかし今日では私たちは、彼らの記念日をいまだに祝うものの、彼らが昔を回想する以上のことをすることは期待していない。[*8]

ただし、目新しさと再生とは別物である。ロバート・ポーグ・ハリスンは、第3章で言及した作品であるヴィーコの『新しい学』というタイトルにある新しさの意味を検討して、「真の新しさとは、それが、そこからの自由と独立を求めるものの拒絶ではなく、再生をともなっている」と述べている。ハリスンが皮肉を込めて言うように、再生がなければ、新しいものは「あっという間に古びてしまう」。それはスクラップの山に送られる運命にある。[*9]「ひとつの可能性のもの」としての生と、それが吐き出す複数の機会との間に私が以前もうけた区別に戻ってみよう。[*10]すべての目新しさは、捉えられた機会であり、それが実現されることで終わる。だが、再生は、春に世界全体が生命を取り戻し、夏の収穫が予告される時、可能性と希望の感覚で私たちを満たす。私たちはまた始めることができるのだ！　私たちに影響を与えるのは、命をつなぐこと、つまりある季節から別の季節への生命過程のリレーである。そして、あらゆる動植物が私たちに大声ではっきりと告げているように、再生が生じるのは、古い小道をたどる時だけである。思い出すのは、未来への道である。進歩は、道の途中で吐き出された目新しさの蓄積の中にあるのかもしれないが、持続可能性にとって本当に重要なのは、生の連続性である。

群れとタービンについて

太古の昔から、ノルウェー北部の山深い内陸部には、トナカイの群れが生息しており、この地域の先住民であるサーミに主要な生計の源をもたらしてきた。動物たちは以前には狩られていたが、一七世紀以降になると、野生の群れが減少し、それにつれて、遊動的な牧畜の体制が生じた。長年にわたり、牧畜の技術と規制の枠組みは、市場の状況や日常生活のあり方とともに、大きく変化してきた。だが、これらの変化の裏では、人々とトナカイと土地の間にある絆は、断ち切られないでいた。牧畜民は、先祖の存在に満ちた環境において、動物を導いたり、それらの後を追いかけたりし続けている。ところが、近年彼らは、土地利用上で競合する要求——たとえば軍事訓練、鉱山の採掘、水力発電——と闘わざるを得なくなった。今日、風力タービンのバッテリーという新たな競争相手が登場した。風力タービンは、環境を汚染しない再生可能エネルギーを提供するための、大規模な持続可能な開発プログラムの一環として、国の出資により建設された。このプログラムの推進者は、開発によるトナカイ牧畜への影響は無視できる程度であるはずだと主張している。動物たちは以前と同じく自由に動き回り、餌を食べている。しかし、牧畜民自身は、異なる見解をとっている。

彼らは、タービンが見えることとその音がトナカイを不安にさせていると抗議する。このことが、建設の初期段階に発生した混乱に加わったのである。トナカイたちは、長期の記憶を持っていて、一度ある地域を訪れるのを思いとどまると、そこに戻って来るのを忌避しかねない。[*11]だが、これらの反対意見の背後には、異なる現実の秩序の間での、より根本的な衝突がある。一方は、生ある世界の生成的な秩序であり、もう一方は、人間の巧みさによって、自然という物理的な基盤の上に築かれた世界の秩序である。一方は、人々とトナカイの群れ、もう一方は、タービンに表象される。はたして、二つの秩序の衝突は、どちらが優勢であろうか？　現在のまぶしさの中では、理性に導かれ、技術的な創意工夫によって実現された、人間による自然の征服の象徴として輝くタービンが勝っているように見えるかもしれない。それらは、進歩の記念碑である。しかし、動物は進歩せず、タービンの人工的な秩序の中に居場所はない。それゆえ、私たちがトナカイの群れに戻るやいなや、タービンは幻のように霧の中に消えてしまう。それらが消えてしまってから長い時間が経った後でも、日が移ろい、季節がめぐり続けるにつれ、トナカイはいまだに移動を続け、人々はその後を追う。

ここでは、風と時間は異なる意味を持っている。トナカイは、常に鼻をそよ風に向けており、地上の生き物であるのと同じくらい、空気の中の存在でもある。トナカイの知覚では、この環境は、景観というよりも、丘の周囲をめぐったり、谷を流れたり、木々をなびかせたりする風が地面をこすることで形成される、空気の流れが混ざりあったものである。[*12]ところが、このように空気が流れることは、トナカイにとってあらゆることを意味していたとしても、タービンにとっては何の意味もない。風は、こちらやあちらから弱く吹いたり、強く吹いたりするかもしれないが、タービンの回転翼にとってはただの駆動力である。さらに、タービンは年を取ることはない。これらの現役世代の手本は、高くそびえ立っているが、事前に割り当てられた場所の地面に固定されていて、侵略する完璧なクローンの軍隊のように、景観を占領する。それらの回転翼は、巻きつくというよりは旋回しており、過ぎ去ることなく、反復される時間を表現している。それらは、あたかも魔法のように、時間の流れを止め、世界を静止させる。すべてがまったく同じであるタービンタワーは、文字通り、決して終わることのない現在への領有権を主張する。だが、世界は無関係に続いていき、生ある存在のような再生が可能なものたちだけを連れていく。その中には、トナカイや、トナカイに同行する人たちもいる。

それゆえ、風と時間だけではない、ということになる。二つの秩序は、大地との関係についても異なるものを持っている。タービンを設置するには、まず穴を掘り、鉄筋コンクリートの厚い層で埋めなければならない。次に、クレーンを使って、タービンタワーの各部位を上空から持ち上げて取りつける。クレーンは、事前に組み上げられた回転翼も持ち上げて、タワーの頂点にあるエンジン室の軸の上に設置する。そのため、タービンは、その構築原理そのものにおいて、大地と空の絶対的な分離を宣言することになる。だからこそそれは、大地と空の混淆《こんこう》がなければ始まらないトナカイ牧畜の環境の中で、ここまで気に障る存在になっているのである。トナカイは、空と混じらないよう土塊を封印しておくために、大地から土塊を取りだすことはなく、みずからの必要を満たすために草を食み、残りのものはそのままにしておく。地面は、放牧のためのものである。だが、その地表は、下にある地衣類を食むために掘らなければならない冬の雪から、緑豊かな植生、水浸しの湿地、むきだしになった岩と砂漠の砂がつくる夏のモザイク模様まで、不明瞭であり、季節によってうつろっていく。地面がどこにあるのかを言うことは不可能である。なぜなら地面とは、これらのものすべてが一緒くたにまとめられたものであるからだ。

それでは、トナカイの群れとともに暮らす人々はどうだろうか？　彼らにとって、大地とはいったい何だろうか？　私たちは彼らの生活様式をどのように描くべきだろうか？　「景観」や「文化」といった言葉はおそらく、最も適切ではないものだろう。風が吹きさらす原野や雪の地表を運ばれていく牧畜民は、上にある空と下にある大地をめぐって常に変化している状況に応じて、みずからの動きで応答することを求められている。その状況が、介入する景観以上に彼らの注意を惹きつける。サーミのような先住民の「文化」と私たちが呼び慣わしてきたものは、まさしくこのようなものの中にある。それは、人々の頭の中であろうと、外部にある景観であろうと、引き継がれる準備ができている遺産ではなく、みずからがその最中にあることに気づいている者たちによって吸い込まれる、境界を持たず拡散していく大気に近いような何かなのではないだろうか？　それは、あらゆるものが生きている大地と空の結合から形づくられた宇宙的な環境であると同時に、重なりあう複数の世代の親密さから生まれた情動的な関係の場でもある。この大気は、小包のように、ある世代から別の世代に伝達することはできない。それは、人々が協働する中で、生きられるだけである。そして、それが生産され、かつ再生産される――要するに、**維持される**――のは、生きていることにおいてである。

第7章　教育のやり方

学究的な姿勢

教育は、社会がその未来を生み出すやり方である。しかし、これはどのような未来なのだろうか？　それは、若者たちの教師となった世代が衰退していく中で、彼らが現役世代の役割を引き継ぐことを可能にする交替の未来なのだろうか？　それとも、みながともに引き込まれた、ひと巻きの集合的な生の中に新しい人たちを連れてくる永続化の未来なのだろうか？　現在に目を向けてきた教師は、指導の姿勢で次世代の学級に面と向かって対峙するのだろうか？　もしくは、その教師は、仲間としての身振りで、生徒たちに後をついてくるように手招きしながら、先人の道を歩み続けるのだろうか？　生徒たちは、教師の前に現れるのか、それとも後ろからついていくのだろうか？　このように考えるのは、世代とそれが過ぎ去ることについて考える方法として、縄と積み上げの対照を改めて考える良い機会である。積み上げにおいては、すべての世代が、それ自身の層を持っている。そして、そのメンバーには、哲学者イマニュエル・カントが言ったように、「［彼らの］知識が獲得され、応用される地盤」が与えられる。[*1]だが、縄においてはそのような地盤はなく、あらゆる撚《よ》り糸は他の糸と合わせられることによって、世界への足がかりを見つけていかなければならない。この対照は、教育の性質と目的に、いったいどのような影響をもたらすことになるのだろうか？

西洋世界では、三世紀以上にわたって、教育は社会進歩の原動力とみなされてきた。それは、理性の力に経験的な観察の素材を関連させることによって築かれた人類の知識の進歩が、ある世代から次世代に受け継がれ、それぞれが前任者たちの肩の上に立つことを可能にする手段であった。この進歩の原理に沿った教育は、当然のことながら、公式の教授法の基準によって、**学究的である**とみなされる学習の対象に最高の位を与える。なぜなら、学びの場としてのアカデミーは、それが学校であれ、単科大学や総合大学であれ、少なくとも、いわゆる非専門家の実践者の知識と比較して、世界がどのように作用するかに関する優れた知識を有しているという主張に基礎づけられているからである。それとは対照的に、非専門家の実践者の知識は、あまりにも強く経験に結びつけられているため、説明や分析の手が届かないままである。定義上はだいたい、学問的《アカデミック》知識は、それが、もし使用されることがあるとしたらの話であるが、使用されることになるかもしれない実践の乱雑な劇場から離れた、より高い次元にみずからを置くことになる。学術研究が典型的に、学ぶことを、することから、つまり世代間の知識の伝達とそれぞれの世代の内側でその知識を応用することを切り離すのは、このためである。

生徒と対峙する教師の態度を**学究的な姿勢**と呼ぼう。それは、教師が優れた知識とそれを受け渡すための資格を持っているという社会的な認可を前提としている。その目的は、彼女の生徒たちを、無知という仮定されたベースラインから、一連の段階を経て大人の理解レベルにまで引き上げることである。彼らの時代がやって来た時には、その理解レベルから積み上げていくことができる。だが、この姿勢の影響は――私たちの現代的な言い回しで言えば――、理性よりも感覚に訴えかける、つまり論理的というよりも美学的な完成度の基準に訴えかける様々な科目が周縁へと追いやられてきたことであった。美術や工芸から音楽やダンスにわたるこれらの科目が、カリキュラムの中にまったくないというわけではない。それどころか、進歩という理想に固執する社会においてさえも、学術研究の超然とした客観性、冷たい論理、分析的な厳格さを、より実践的で主観的であり、感情や共感、全体的な理解に適合したもので補完することの必要性が広く認識されている。非学術的な科目の教育は、生徒たちに、彼らの周囲と関わるための能力を高める、より円熟した人格形成をもたらすと言われている。

こうした学術的科目と非学術的科目の相補性は、客観的な知識と主観的経験、理性と表現との分断をともなう近代の憲法の中に深く沈殿している。科学者たちは、それが右脳と左脳の分割という点で人間の脳に組み込まれているとさえ私たちに告げている。左脳は知性の座であり、右脳は共感の座である。どちらも他方がなくては機能しえない。だが、ここでは相補性以上のことが問題になっていると私は考える。私の見解では、非学術的な教授法を真に区別するのは、対峙ではなく仲間という姿勢の根底的な違いである。この場合、教師と生徒たちは同じ方向を向き、片方が他方に**よりかかっている**。だからこそ、教育とは、進歩的な改善という人間主義的な理想ではなく、世界には何が実在するかという真実を求める情熱によって突き動かされた、協働でおこなう仕事なのである。非学術的科目は、客観的な知識の伝達の場に沿って、またそれと釣り合うものとして、主観的な自己表現を涵養《かんよう》するための場を開くどころか、生徒たちを世界それ自体との継続的な対話へと導き、そこに見られる物や存在に注意を向けるよう促し、それらとの共存の条件を探索する。[*2]

私は、このたぐいの教育を**アンダーコモニング**と呼ぶ。[*3] この言葉で学究的な姿勢によって構成される理解すること《アンダースタンディング》とはまったく逆のものを言い表そうとしている。理解することは、確かな知識の地盤、つまり字義通り、立つためのプラットフォームを敷くことであり、そうすることで、未来の取り組みのための安定した基礎がもたらされる。理解においては、知識が注意を先取りする。もし、すでに知っているのであれば、なぜそれにわざわざ関心を向けるのだろうか？　それとは逆に、アンダーコモニングは、私たちの足下からマットを一掃してしまう。確かなものは何もないが、同様に何もかもが可能である。一人きりであれ、誰か他にいるのであれ、そこから築き上げるための強固な基盤がないので、私たちは投げ捨てられないようにするために、縄の撚り糸のように互いに結びつくことを強いられる。それゆえ、アンダーコモニングは、**可能性の中でともに生きる方法**のことであり、第4章ですでに応答《コレスポンデンス》として紹介した、相互的な注意と反応を求めている。[*4] 他の物や存在に応答することは、当初からそれらとの間に共通して持っているものを当てにするのではなく、それらをありのままあなたの存在に迎え入れ、それらとともに進み続けるための道を探し、そうすることで関係のコミュニティを築くことである。ここに仲間の姿勢の本質がある。

理性と応答可能性

気遣いと慈悲心に満ちた、よりかかるこの姿勢は、学術的な中核に対する周辺的な科目を補完するカリキュラムを提供するどころか、あらゆる勉学の分野にわたって、教育の目的そのものを変える可能性を秘めていると私は信じている。ある世代の教師から次世代の生徒へと効率的に知識を伝達することから、さらなる精査に報いるかもしれない世界の諸側面に対する注意を導き、道を開いたり示したりすることへ、という具合に。結局、字義通りに言うなら、「教育すること」は「外へ導く」ことを意味する（ラテン語の *ex*「外へ」と *dūcere*「導くこと」から）。こうした本来の意味で考えると、教育は、私たちを世界へと導くことで、私たちが世界に注意を払ったり、応答したりすることができるようにする。そして、外に導くことによって、それは、確立された立場や現在について私たちがおこなういかなる主張からも、執拗《しつよう》に私たちを引き離す。しかし、前方では、外へと導く教育は、後方では、よりかかるのだ。教育者は、先人の道に沿って進む一方で、私たちが言うところの「身体を後ろに反り返らせる」［訳注：原文のbends over backwardsには、全力を尽くすという意味もある］ことをして、後に続く生徒の面倒も見る。ここでは、よりかかることにとっての外へ導くことは、子をなすことにとっての老いることと同じである。[*5]［図7・1］に示すように、片方はもう一方の逆である。

　私はヤン・マシュラインの教育哲学をすでに暗にほのめかしてきた。[*6] 彼にとって、外へ導き、よりかかるというこの実践は、彼が「貧しい教授法」

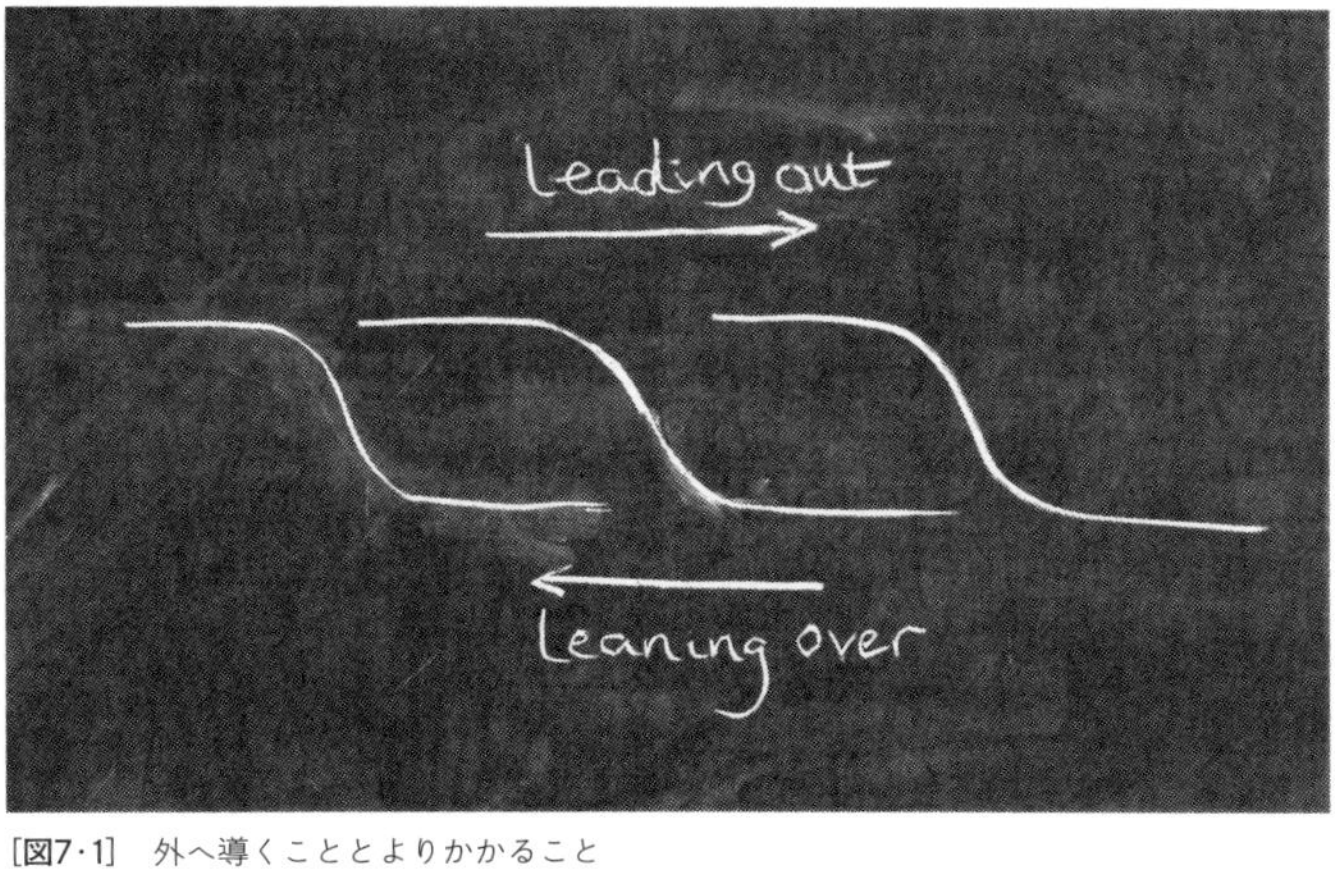

［図7・1］　外へ導くこととよりかかること

と呼ぶものに相当する。そのような教授法には擁護すべき立場も、伝達すべき知識も、実現すべき偉大なプロジェクトもない。むしろ、それは、弟子たちを立ち退かせること、場所を移させること、もしくは一言で言えば、**さらけ出すこと**を通して作動する。マシュラインによれば、貧しい教授法は、外での散歩のように、一歩一歩が潜在的に危ういが、世界への扉を開くものでもあって、路上での不快さのために快適な居場所を手放し、力強さや安全性を、弱さや傷つきやすさと引き換えるよう私たちを誘う。貧しい教授法の目的は、逆境によりうまく対処できるように、私たちを知識で武装させたり、私たちの防御力を補強したりするのではなくて、武装解除し、さらけ出させることであり、同様に、周囲の世界で何が起こっているかについての敏感さと技能を用いて応答できるように、世界への注意を鋭敏にさせることである。マシュラインの言葉を借りれば、それは次のようなことを言う教授法である。「ほら、見てごらん。私はあなたの注意が逸れないようにするよ。ほら！　スリルや大団円、物語や説明を待つのではなく、見てごらん！」[*7]

貧しい教授法、つまり外へ導いたり、よりかかったりするというこの取り組みの中では、教師と生徒は、アンダーコモンズの旅の道連れとして、一緒に進んでいく。その旅は困難で、リスクをともない、不快なものになりかねず、その結果も保証されていない。教師の仕事は、確かに生徒たちにとって、物事を楽にすることではない。そうではなく、範を示すことであり、寛大な案内人、常に一緒にいる仲間、疲れを知らない批評家としての役割を果たすことである。教師の例に従う生徒は、ちょうど見習いが工芸を学ぶ際に真似をするのと同じように、真似をするのを恐れるべきではない。生徒が技術革新《イノベート》を起こすことは期待されていない。学究的な姿勢においては、教育的な進歩の面で付加された価値を成果の新規性によって測り、真似することを剽窃《ひょうせつ》として失格扱いにする。仲間の姿勢においては、真似することは剽窃ではなく、練習である。見習いとして、生徒は教師の目が届く範囲で練習し、やがて、みずからが目となり、今度は次世代を見守ることになる。そして、学びを強制されない生徒たちは、それにもかかわらず、教師の企てに参加することに熱心であって、来るべき世代に学びの灯火《ともしび》を引き継いでいくのだという確信に基づいて、伝統が続いていく。

したがって、アンダーコモンズでの教育では、他者たちと歩調を合わせながら進んでいくうちに、彼らに答えていく覚悟を求める。一言で言えば、それは、**反応《レスポンス》＝可能性《アビリティ》**［訳注：responsibility には責任の意味もある］を涵養する。これは新しい概念ではない。私が知る限り、それは、作曲家ジョン・ケージが一九五七年の講演で最初に導入したものである。ケージが言うには、事物の存在があって初めて私たちはそれらを感じることができ、感じることを通してのみ、私たちは応答することができる。おそらくこの前例を知らないまま、文化理論家ダナ・ハラウェイは近年、ほぼ同じ意味で、この用語を再発明したのだ。彼女が言うには、反応＝可能性とは、「気遣いと反応の実践」である。しかし、ケージの用法が唯一の前例というわけではなく、ハラウェイがこの用語に飛びつく一〇年前に、教育理論家ガート・ビースタによっても使われていたのだった。[*8] ビースタにとって、反応＝可能性とは、ある**声**を指す。それは、他者に反応を求める場合に、自身の声であるにもかかわらず、他者の声において発せられるものである。すべての声は、会話の台詞や多声音楽《ポリフォニー》の歌のように、他者たちの声と重なりあったり、それらから区別されたりすることにおいて、またそのことを通して、継続的にあらわれる。ビースタは、以下のように問うている。理性を涵養することよりも反応＝可能性を発展させることを優先することは、教育にとって、いったい何を意味するのだろうか？

理性の声は誰のものでもない。それは、経験のあらゆる変異を超越する。とりわけ、知識を個人的な経験から切り離し、すべての人がアクセスできるようにすることによって、学術教育が生徒に教え込むことを目指しているのは、指導的で非人格的なこの声である。哲学者アルフォンソ・リンギスが言うには、理性の共同体では、誰しもが交換可能である。問題には正しい答えがあり、それは誰が思いついたとしても同じである。たとえば、数学の定理は、その定理を発見した数学者の人生や時代についての手がかりを与えてくれない。自然の法則、もしくは社会の法則は、それに代わって立法する科学者や法学者については何も語らない。しかし、反応＝可能性という教授法は、学究的な姿勢の優先順位を逆転させ、標準化された到達度よりも常に生起し続ける差異への注意を上位に置くだろう。理性の共同体では、発見されるものが新しいものである限り、あなたが誰であるかは問題としないが、反応＝可能性の共同体では、あなたが誰であるかが何よりも重要である。なぜなら、共同体内のすべての声が異なるからこそ、その人たちは結びあうことができるのだから。リンギスが言うには、それは「何の共通点もない人々の」共同体である。[*9] 共通点は何もないが、各自が与える何かを持っている。

新しい人々、古いやり方

もちろん、すべての人間は世界の中に産み落とされる。これが出生にまつわる基本的な事実だ。それは、すでにしばらくこの世界にいて、この世界のやり方に親しんでいる者たちにとって、彼らの最初の務めが、これらの新しい存在に世界を**紹介**することであることを意味する。政治哲学者ハンナ・アーレントにとって、これが教育の課題である。それは、大人と子どもの関係であり、その関係の中では、前者が後者の発達についての責任を肩に負うことになる。アーレントが指摘するように、人類史のほとんどを通じて、この関係は「あらゆる年齢の人々が常に時を同じくしてともに世界にいるという事実から」通常かつ自然に生じてきた。[*10] 第2章で見たように、複数の世代が共存するおかげで、若者たちは年長者の物語を聞いて、彼らの技能を実践し、それらをみずからの人生の中で伝え、今度は来るべき世代のための模範的な実践者や語り手となる機会を十分に得ている。古老たちは、未来に向けて導いていく際に、古いやり方に情愛深くよりかかることによって、若者が再生の道を歩み始めるための条件をつくり出す。このことにこそ、伝統の連続性がある。

しかし、今日では、この連続性は断裂してしまったのである。各世代は、すっかり引き離されてしまったので、それらは、もはや重なりがあるのではなく、むしろ積み重なっている。その結果として生じた世代間の日常的な関係の崩壊によって、古老たちは、これまでしてきたように、若者たちを伝統的な生活様式に導き入れることができなくなってしまっている。彼らの教育についての責任は、国家に大部分が移管されてしまっている。アーレントは第二次世界大戦の余波が残る一九五四年に書いている。今日の「教育の危機」と彼女がみなしたものの根底にあるのは、国家がこの移管によって課された責任を果たすのに失敗したことである。国家は若者を古い世界に引き入れる代わりに、新しい世界に向けて若者を準備させようとする。その新しい世界の秩序とは、国家が布告によって命じるものである。アーレントは、そのような準備は見せかけの教育であり、その本当の目的は、若者を導き入れることではなく、彼らを洗脳することであると考えている。この洗脳の強権的な効果は、若者たち自身のものだと呼べる未来をつくるための、あらゆるチャンスを否定することである。なぜなら、若者たちが登場する時には、彼らが約束された明日の世界は、もうすでに昨日のものになってしまっているからだ。

私たちはここに、過去を遺産に委ねながら、未来を企てとして位置づける現役世代の姿勢をはっきりと見てとることができる。次世代が、彼らのほうに向かってきて、いつかあなたたちの優位性を奪うぞと脅かしているのを見て、教育の代理人たちは、新しい秩序に従うよう若者たちに求める。代理人たちは、門番として立ちはだかり、若者たちが中に入るための条件を管理する。しかし、これらの若者たちにとって、**新しい**世代として、自分の足跡を残すための唯一の希望は、彼らのためにあらかじめ設計された未来を否定し、その代わりに別の未来を投影することにある。その結果は、私たちが進歩と呼ぶ、切れ切れになった一連の世代交代である。だが、歴史の天使の嘆きに同調して、アーレントはこの中に破滅だけを見ている。彼女の顔は歴史の天使のように、断固として伝統的な道に向けられている。ただこうしたことだけであっても、未来に向けた実現可能な道を授けることになる。アーレントにとって、教育の問題とは、この古い世界に対する私たちの憧れ、つまり私たちの**世界愛**《アモール・ムンディ》が、新しい生を古い世界に導き入れるという重荷を背負えるほど十分に強力であるかどうかなのである。なぜなら、そうである場合にのみ、来るべき世代における再生の希望を持つことができるからだ。[*11]

その荷物は、ほんとうに重い。それは、大人の側と子どもの側の両方ともに、勤勉な取り組みを必要とする。アーレントの哲学は、伝統への傾倒という点において保守的であるだけでなく、いかめしく、厳粛で権威主義的であるようにみえる。やりながら学ぶという自由放任主義のアプローチは、彼女には向いていない。彼女が言うには、教育とは、進みながら、物事を身につけていくというだけの問題ではない。「生きる術」を獲得するためには、このことで十分足りているのかもしれないが、教育の目的は「世界がどのようなものであるのか」を子どもたちに教えることである。[*12] 物事は説明される必要がある。たとえば、子どもたちが母語を身につけることと、彼らがその文法や統語論を勉強することはまったく別物である。彼らが遊び回っていたら、文法や統語論を勉強していたことにはならない！ 子どもたちは、自分たちよりも知識のある大人から教わる必要があり、そうなるのを保証するのは、大人の責任である。大人たちが教えるための資格は、より多くのことを知っている点にあるが、大人たちの権威は、何を知っているかではなく、彼らが責任を引き受けることに拠る。責任を引き受けることを拒む者は、誰であれ「子どもを持つべきではなく、彼らの教育に参加することを許されてはならない」とアーレントは宣言する。[*13] 責任なくして権威なし、というわけだ！

これらは、断固とした物言いだ。最も暗い時代であったとしても、哲学者によって子をなす権利が決定される世界を、アーレントが望んでいたのかどうかは、私は疑わしいと思っている。しかし、私たちにとって問題なのは、権威の意味である。私たちは、権威の行使は何であれ対立的なものであると考える傾向がある。それは、主体として、あなたが向き合うものである。だが、［図7・2］に示されているように、アーレントの議論では、よりかかるという、まったく異なる姿勢がほのめかされている。権威主義的な者とは、暴君ではなく、保護者である。これが、アーレントが、責任に基づく権威と、より多くの知識に基づいて教える資格とを区別することに熱心であった理由なのかもしれない。教師は世界を説明する資格を持っているべきという考えは、確かに、学究的な姿勢と似たものを感じさせる。それは、知識のある大人と無知な子どもを対置させ、大人を子どもの上に置く。だが、責任は気遣いと保護を要する。庭師が地面にある苗木を育てるように、責任ある親や教師は子どもを大切にし、両者が育つために保護された環境をつくりだす。そして、反応＝可能性がなければ、つまりみずからが応答しようとする他者の声を求める、よりかか

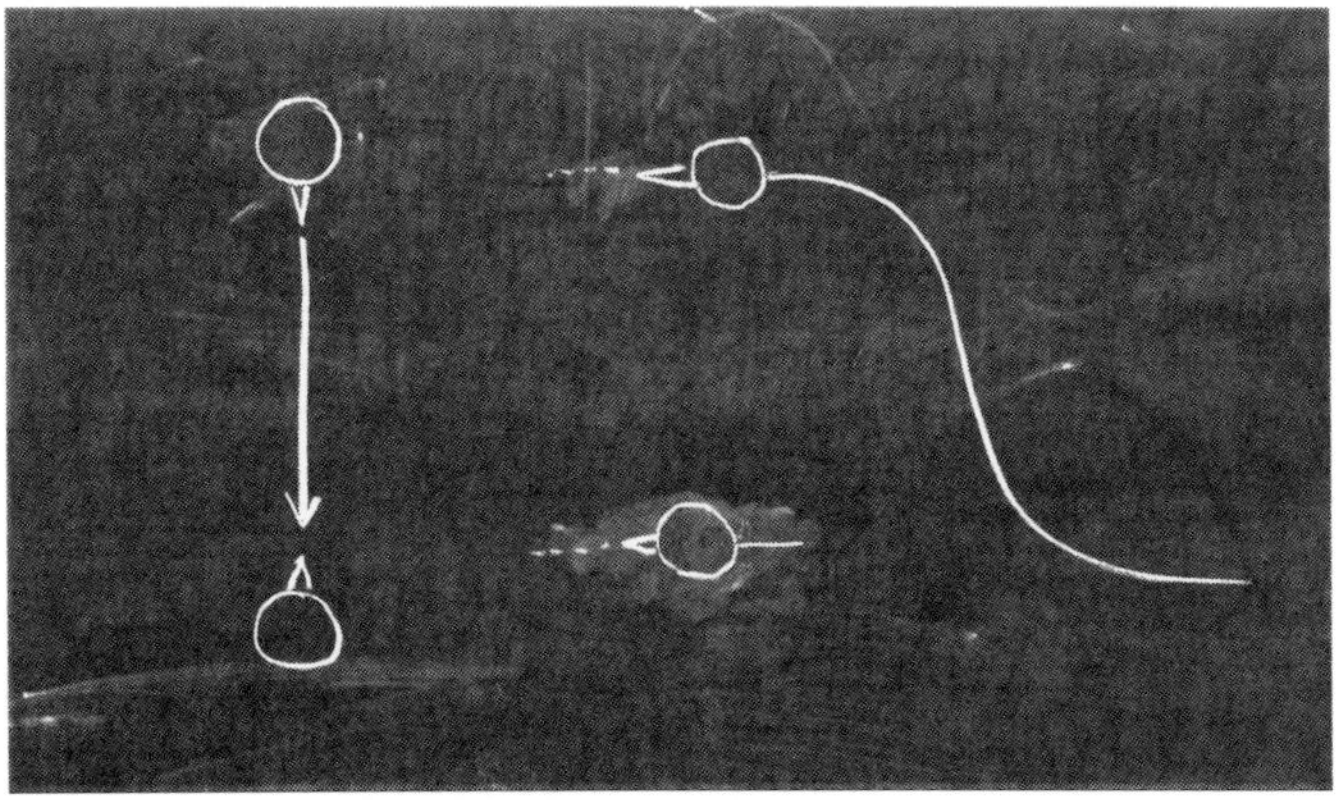

［図7・2］　対立としての権威（左）と責任の行使（右）

ったり、見守ったりする者の声がなければ、責任はありえない。

知恵と好奇心

もし責任ある教育が、保護の場を必要としているのだとすれば、それは、いったい何から守られるべきなのだろうか？　それは、生ある存在が住み処とし、成長のために必要なものを与えてくれる多種多様な大地と空からではなく、現役世代が公的な政治領域を掌握し、その上に加える、新しさの攻撃からである。アーレントの展望では、これら二つの世界——生の再生に捧げられた世界と、社会の創設に捧げられたもうひとつの世界——は、容赦なく対立している。生は「暗闇から生じる」が、「公的領域の無慈悲なまぶしい光」によって、常に圧倒的な危険にさらされている。[*14]教育が今や危機にあるという事実は、みずからがつくる未来に向けて、生徒たちを洗脳すること以外の目的を持ち合わせていない公的教育システムに、生徒たちをなすがままにさせているという安全の喪失によるものだと、アーレントは考えている。だがはたして、それ以外の可能性があるのだろうか？　私たちは、避難のための、つまりよりかかるための小さな場所が、公的な視線から隠れることなしに、社会的再生の灯台となるような社会を思い描けるだろうか？　若者と老人の世代がますます苦痛を感じている制度上の隔離の後に、子をなすという労働にともに参加することを再開できるとすれば、いったいどうなるのだろうか？

これらの問いは、教育、若者と老人、そして彼らが協働することの潜在性についてどのように考えるのかに関して、大きな影響をもたらすと私は信じる。当然のことながら、今日の親たちは、我が子が世界でうまくやっていくことに熱心であり、だからこそ、彼らが子どもたちに望む教育は、豊かで力強いものである。つまり、教育で得られる知識の内容が豊かであって、それがもたらす力と自信において強力だということだ。主流の学術的な教育は、これらの要求を満たすように努力している。それは理性の声で語り、大人の知識と子どもの無知を対置させる。それは、教育の受け手に階級を与え、競争社会における人生のチャンスを高める。だが、知識と知恵はまったく別物である。実際のところ、知恵は、**知識＝でないもの**の中にある。知ることが俗世的な物事を思考の区画内に収めることだとすれば、賢明であるとは、認識のドアを勢いよく開き、注意と熟慮のフィールドの上で世界を招き入れることである。それは、私たちの存在の中に他者を歓迎することであり、彼らを圧倒したり追い払ったりすることではない。それは見守り、聴くことであり、学ぶことである。知識が、敵に対して私たちを武装させるものであるならば、知恵は武装解除させる。しかし、同時にそれは、私たちを剝き出しにさせ、傷つきやすいままにしておく。

これが、古老たちの傷つきやすさであり、それは、身体的な衰弱だけでなく、生涯の経験から、自分が知っていることがどれほど少ないかについて気づき始めたことによってでも引き起こされるのだ。彼らにとって、知識は謙虚さによって鍛えられ、古老たちの下に身を寄せる若者たちにとって、知恵は好奇心を育む。子どもたちは、好奇心が強い。なぜなら、彼らの注意は開かれており、隙のないものであり、現役世代が彼らに課そうと待ち構えている学術的な教育によってとどめられてしまっていないからである。祖父母は孫たちがこのように好奇心を目覚めさせることを、学術的な教育よりも好むであろうか？［図7・3］に示すように、外へ導き、よりかかるという友好的な姿勢で、順番に交替していくこれらの世代をつなぐ教授法は、会話の中に理性の声以外のものをもたらすことになるだろう。高齢者の間では知恵の声であり、若者の間では好奇心の声であり、それらは憧れるという時間の流れに足並みをそろえた応答の中で互いを求め合うのだ。理性は秩序の言葉で

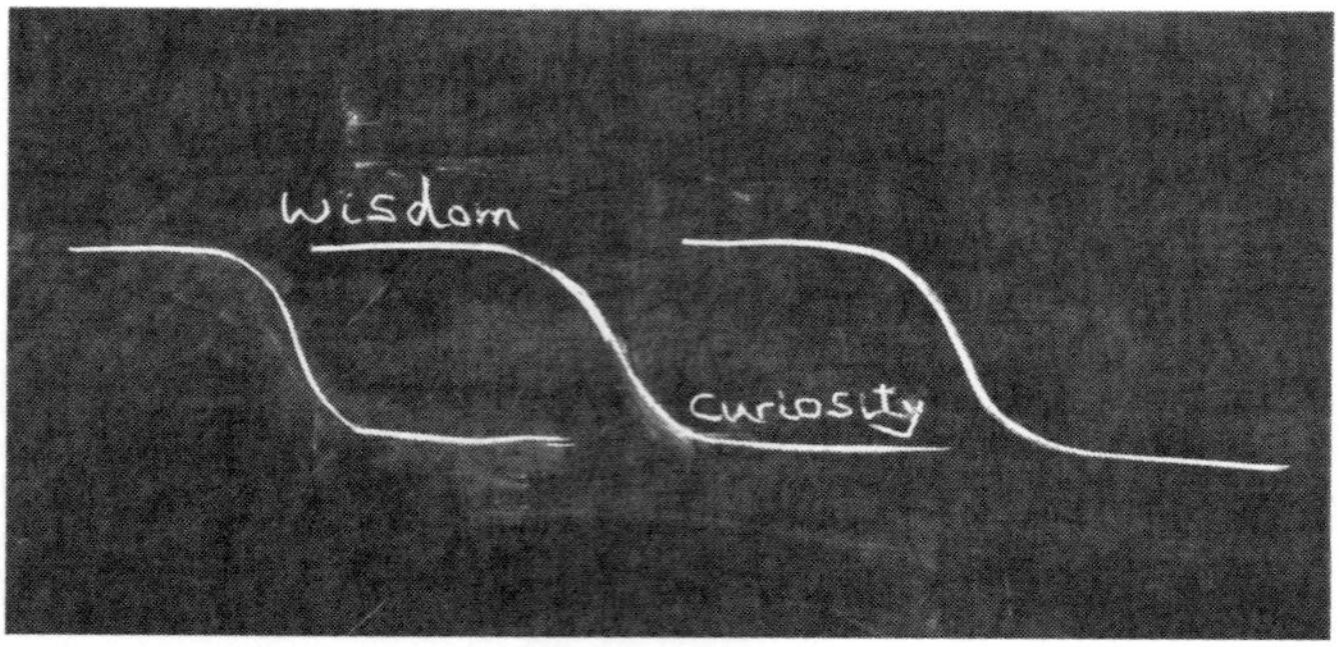

［図7・3］　知恵（wisdom）と好奇心（curiosity）の声

語り、その軌道の中に受け手を止めてしまう一方で、知恵と好奇心は過渡の言葉で語り、生へと開かれてゆく。[*15] それらが提供する教授法は、貧しく、伝達すべき既成の内容はほとんどないし、若者と高齢者の防御を解除する点では弱い。だがはたして、弱さの中に強さ、貧しさの中に豊かさなどありえるのだろうか？

確かに、何よりも客観的な知識と理性の働きを重視する社会では、若々しい好奇心も年季が入った知恵もあまり尊重されない。知識は、問いの前に答えを置き、好奇心を踏みつぶしてしまう。理性は、注意よりも認知を優先し、知恵を切り詰めてしまう。教育と公的介護に関する主流の機関は、子どもたちを、あらかじめ決められた未来に備えさせること、手遅れになってしまった高齢者を隔離することにそれぞれ専念している。それらの根底にある価値体系においては、好奇心の無垢さは知識の欠如、知恵の謙虚さは理性の欠如として評価される――前者は無知の、後者は老いぼれの烙印を押される――。現在を主導する現役世代にとって、老いぼれと無知な者たちがともに未来を築くかもしれないという考え方は、明らかに馬鹿げたものだろう。だが、知恵と好奇心を結びつけることは、単に分別があるだけではなく、来るべき世代の生を再生させるために必要であるように思われる。これは、失われた過去へのノスタルジックな渇望でも、未来へのユートピア的な幻想でもなく、希望の基礎である。しかし、希望を現実に変えるためには、まずは、老人と若者が再び一堂に会して、生産的で相互に変革的な彼らの協働を、公共の利益のための再生の力へと変えなければならない。[16]

ついに、私たちは、教育のオルタナティブなモデルに到達した。その情熱とは、**世界への愛**《アモール・ムンディ》、もしくは私たちが憧れること《ロンギング》と呼んできたものであり、その使命とは、若者たちを光の中へと導いていくことではなく、**彼らに暗闇の中で見ることを教えること**である。暗闇とは「未来の可能性が時間を超えて再び取り戻すことを声高に求める、生ある過去の暗闇」である。[17] 私たちのモデルは、学術的科目と非学術的科目の補完性を提案するかわりに、外へ導き、よりかかるという姿勢をあらゆる学術的地位の分野ごとの区別よりも上位に位置づける。たとえば、数学のような科目は、しばしば学術的な才能の頂点に位置づけられるが、あらゆる技術のそれと同じくらい意義深い、先祖伝来の知恵の深さに依拠している。何かの技術を学ぶことは、数学を勉強することと比べて決して知的に挑戦的ではないということではない。[18] アンダーコモンズの伴侶の中では、科目は到達度に応じて公式なカリキュラムの区分ごとに序列づけされるのではなく、それらを勉強する者たちの声の中で読み出され、更新される。これらの声は、互いに巻きつきあいながら、起源から遠ざかったり、終わりに近づいたりすることなく、生のように続いていく、多くの撚り糸からなる縄を綯う。この縄が教育のやり方なのである。

第8章　科学技術の後に

STEMからSTEAMへ

現役世代と科学は互いに依存しあっている。現役世代は、未来を予測する上で、不確実性という弱点を埋めるために科学を必要とする。科学は、実験施設、研究ステーション、コンピュータといった高価なインフラストラクチャーと、それらを運用する専門家を維持する上での組織的な支援を得るために現役世代を必要とする。だが、二〇〇〇年代以降、科学はますます、別の旗――その名もＳＴＥＭ――の下で航海するようになった。ＳＴＥＭは、「Science（科学）、Technology（技術）、Engineering（工学）、Mathematics（数学）」を意味する頭字語《アクロニム》である。現役世代が頭字語を好み、それらの頭字語が通商から防衛にわたる諸分野での政策と実践の言葉にちりばめられているのには、理由がある。なぜなら、それらは、ある事物の名を呼ばずに、それらについて話したり、書いたりすることを可能にするからである。すでに第1章で見たように[*1]、系譜図を朗唱する際に人々の名前を発音することは、彼らの生を、子をなす系譜の中に導き入れる過程の一部であった。そのことは、事物についても同じである。それらの名前を読み上げることは、それらに呼びかけ、思案し、それらと私たちの人生を結びつけることである。だが、まさしくこのことが、理性に訴えかける現役世代が避けたいことなのである。頭字語を使えば、反応＝可能性を迂回することができる。

この議論は、研究の領域、もしくはしばしば学問分野と呼ばれるものの名前を読み上げることにも同様に当てはまる。こうした名前は重要である。完全な状態でつづられた場合、それらは伝統の重みを持っていて、それらを実践する者たちの人生やアイデンティティに結びついている。たとえば、私が「私は哲学者である」と宣言するのであれば、私自身について、そして、私が師事し、またその仕事について研究してきた学者たちによって、私自身の考え方や感じ方がどのようにして形づくられてきたかについて語っていることになる。私は、好奇心、反応のよさ、および気遣いに基礎づけられた知恵と学びへの愛を、まさしく字義通り公言するだろう。[*2] それは、現在では科学の傘下に入っている諸分野であっても、実質的には何ら変わりないと私は考えている。それは、生物学者の生き物たちへの関心の中にあり、化学者の物質の特性への関心の中にあり、物理学者の物質それ自体への関心の中にある。同じように、技術と工学は、それらの実践者に必要とされる知覚の鋭敏さと素材への敬意という点で工芸に似ている。数学に関して言えば、その周りを取り巻いて拡大する知的天才の神話にもかかわらず、身振り、リズム、軌跡にルーツがあることは古代から明白である。

「科学」、「技術」、「工学」、「数学」という言葉を何気なくではなく、慎重に発声し、少し立ち止まってみよう。すると、あなたは、名高い先人たちがすでに歩んだ道に沿って、見渡す限りの、そしてそれを超えたはるか彼方まで広がる知的探求の景観へと誘われる。そのように名づけられたあらゆる分野は、その数多い実践者たちの学究生活が重なりあって縄のように巻かれた、子をなすことの系統である。そして、学生としてのあなたの課題はそれを続けていくことである。だが、STEMという頭字語は、ナイフのように、これらのいくつかの系統を切り裂いてしまう。その発音からは、情動の痕跡は何も伝わってこない。分野の名前を迂回するこの頭字語は、私たちがそれらの分野に持っていたあらゆる感情を迂回してしまう。それはいかなる情熱も、記憶も、待ち望む感覚も呼び起こさない。それは、他から切り離された、不毛な有用性以外の何ものも示さない。したがって、伝統的な諸分野の名前を頭字語に置き換えることは、説明する上での便宜《べんぎ》というような、単純な問題などではない。それはむしろ、研究開発の名の下に、大がかりにそれらを乗っ取ろうとすること、および現役世代の論理と利害にそれらを従属させることを示している。なぜなら、STEMは明らかに現在に属しているからである。科学、技術、工学、数学には歴史があるが、STEMには歴史がない。[*3]

このように過去を断固として拒否するSTEMには、未来もない。それが主張するのは、むしろ未来**である**ということだ。だからこそ、STEMお気に入りの隠喩は、「最新式」や「最先端」になるのである。それは、研究実験施設から企業の本部、さらには自然の生態系をシミュレーションするために設計された巨大ドームにまでわたる、洞窟状のガラス張りの建物の中で培養される未来であり、厳重に警備され、厳しく管理されたそれらの内部は、秘密を透明性と見せかけて、オープンアクセスを装う。その頭字語は、培養施設への扉のロックを解除するキーコードのようなものである。そのコードを持っている者だけが中に入ることができ、コードを勝ち取るためには、スマートでなければならないのだ。近年、非常に大きな注目を集めるようになったスマートというこの考え方は、素早く問題解決できるとともに、ずる賢さを持った知性を含意しており、それを所有している者に、より機転の利かないライバルたちに対する競争上の優位性を与える。それは、成功を収めた起業家の特徴であり、しばしば、ＳＴＥＭ教育がそれを受ける学生たちに教え込むべき属性を挙げたあらゆるリストの最上位に位置する。支持者らによれば、そのような教育の目的とはまさに、来るべき世代を、スマートな者だけが生き残る技術官僚主義的《テクノクラティック》な世界秩序に向けて備えさせることなのである。

科学と技術にここまで偏った新しい秩序の中には、はたしてアーツ〔訳注：この語で美術・芸術だけを指す場合もあるが、ここではそれに加えて文系の学問を含む学芸を指している〕の居場所はあるのだろうか？　二〇一〇年には、アメリカ合衆国内で最古の芸術とデザインの単科大学であり、今日、世界でも最も名高いロードアイランド・スクール・オブ・デザイン（ＲＩＳＤ）は、

STEMに「アート」のAを加えてSTEAMに変えるというアイデアを思いついたのだった。RISDの広報によれば、この取り組みによって、同校は、今日のイノベーション経済の中での競争に未来の世代を備えさせることを目指している。[*4] それ以来主流となった考え方は、型にはまらない考え方をするための方法として、アーツとデザインをその枠組みの中に取り入れることであり、そのような方法は、イノベーションへの飽くなき渇望を満たすためにSTEMプロジェクトが必要とするものである。知識の市場では、新規性は競争で優位に立つための条件であり、クリエイティブとして知られるアーティストやデザイナーは、新しい知識製品のデザインのみならず、それらの広告のためにも、競争が求める新しいアイデアを考案するという仕事を課せられている。だが、その効果とは、オリンピック選手のように、成功という賞に向けて競争するために学生が訓練されることになる選手権の中にアーツを含めることによって、すでに大げさなものとなっているSTEMの未来主義をさらに強化することなのである。

科学とアーツ

しかし、このようにアーツの見事な腕前とエリートスポーツを融合させることとは、アーツの歴史の中に文明の進展の物語が映されているのを見る、進歩的ヒューマニズムの擁護者にとってさえ行き過ぎたことなのかもしれない。彼らにとって、アーツは科学技術の付属品であるというよりも補完的なものであり、科学とその応用によってもたらされる生活水準の全体的な向上と並んで、自己表現の場を与えることになる。[*5] 企業競争の生き馬の目を抜く世界で勝利した者たちでさえも、頂上からの眺めが内在的な価値を何も明らかにしないのであれば、彼らがのし上がってきたことは無意味であったと認めることになるだろう。私たちの地平を広げ、心と精神をより根源的な真実へと開きさえすることが、アーツの役割なのではないだろうか？ アーツは、啓蒙のプロジェクトに対する私たちの信仰さえも回復させるものなのだろうか？ この点に関しては、さまざまな議論が提案されてきている。最も瑣末《さまつ》なものは、アーツを、贅沢な余暇の空虚な時間を埋めるために設計されたエンターテイメントに還元している。ある者たちにとっては、アーツは、あまりに分析され過ぎてしまい、魅惑する力を失ってしまった世界において、崇高さ、神秘、不思議への憧れに応えるものである。他の者たちにとっては、文化的創造性の指標、多様性の認知、文明の標である。

ところが、補完性の論理は、科学の内在的な価値に匹敵する価値をアーツに認める一方で、それ自体の立場において、ＳＴＥＭに挑戦するわけではない。逆に、その論理は、両者それぞれが独自の創造性のスタイルを備えているような、情動的で身体化された経験と、身体化されていない知性の認知的操作との、もしくは美的判断と理性の働きとの、根強い二元論を再生産する。アーツのパトロンの多くは、アーツの取り組みの役割を、人間の顔と道徳的な良心によって、イノベーション経済の金儲けを和らげるために必要とされるバランス調整であると考えている。実際、最近このような線に沿った動向が、アーツ、人文学、社会科学のための英国の国立アカデミーであるイギリス学士院のような、まさしく権威ある組織から提案されている。学士院は、公的および私的な支援を集める上でのＳＴＥＭの成功と張り合おうとして、ＳＨＡＰＥという、それに対応する頭字語を提案しており、それは「人々と経済のための社会科学、人文学、アート（Social Sciences, Humanities and the Arts for People and the Economy）」を意味する。この頭字語の支持者は、ＳＨＡＰＥ分野が「人間の世界を理解するために役立ち」、「すべての人の利益になるようにイノベーションをより強力に機能させる」という視点をもたらすことができると指摘している。[*6]

このことは、イノベーション経済を増強するだけである。それは、アーツが人文学や社会科学とともに、ＳＴＥＭの仲間に加えてもらい、蓄積されたその資金のいくらかを吸い上げ、権力の近くにいることで恩恵にあずかるためのルートを提供する。ＳＨＡＰＥが関与する世界は、依然として**人間の**世界であり、その介入は依然として、そしてもっぱら人間の利益のためである。ＳＨＡＰＥは、それを構成する諸々の分野と異なり、過去も未来も持たないという点で、ＳＴＥＭに似ている。それは、現役世代の産物である。だが、私の見解では、アーツはただの科学の補完物であるよりもはるかに過激な役割を持っている。それは、頭字語の論理によって否定されている、応答の感覚、つまり事物に沿っていきながら、それらから学ぶという感覚を取り戻すことである。すでに見てきたように、頭字語の論理は、私たちが言及している物事から私たちを切り離し、「スマート」という言葉に象徴される、非関与的であると同時に操作的であるような態度を助長する。しかしアーツの実践は、継続する注意、反応性、気遣いという、まさしく逆の態度を促進する潜在性を持っている。

では、アーツは、学究的な姿勢を反転させ、世界を知る方法を、世界の中にある方法へと戻し、科学、技術、工学、数学をSTEMによって引き起こされた愚昧化から救い出すことができるのだろうか？　このことは、科学をアーツと対立させることではなく、互いを補完すると見るのでもなく、両者を複数の世代の協働によって基礎づけることである。結局のところ、ウィトルウィウス、アルベルティ、レオナルド、コンスタブルのような巨人——それぞれ建築、遠近法、解剖学、気象学の創始者である——にとって、科学とアーツは、決して分離された、もしくは分離可能な試みではなく、むしろ注意深い観察、忍耐強い実験、正確な記述、情報に基づく推論への傾倒によって統合された、長年にわたる探求の伝統なのである。実際、これが本物の科学、そして本物の科学者が、純粋な不思議、好奇心、知恵へと導かれ、内側から手探りで進みながら、これまで常に仕事をしてきたやり方であり、今日でもなおもそうなのである。

だがこれには、STEMやSTEAMでさえもが欲しがるたぐいの想像力とはまったく異なる想像力が必要となる。それは、スマートな解決策に近づくのではまったくなくて、世界の絶え間ない生成に対して開かれた想像力である。そして、その想像力の創造的な力は、まったく同じ源泉から引き出される。これは、イノベーションとしての科学ではなく、憧れることとしての科学である。

ところが、現役世代は別のやり方で考えている。彼らが主張するには、未来は解決されるべき問題である。彼らは、そうするための道具として、科学、技術、工学、数学に常に手を伸ばす。彼らは、来るべき世界のみならず、そこに住まう運命にある生き物たちの展望を思い描くために、アーティストやデザイナーたちを呼び込むかもしれない。これは、人工知能、仮想現実、完全自動化された仕事の体制へと私たちを真っ逆さまに投げ込む展望であり、その体制においては、精神と理性はようやく身体的および感覚的な係留から解き放たれ、身体や感覚は抜け殻となる。人間の生それ自体は、外注化された精神と順従な身体の隙間へと転落し、絶滅する運命にあるだろう。このことは、啓蒙主義によって確立された、精神と世界の、もしくは理性と自然の断絶を癒すどころか、その逆の極へと向かうことになる。STEMによって訓練されたポストヒューマニティの擁護者にとって、その潮流は止めることができない。彼らは主張する。人間は、かつて知的能力を持っているものとしてみずからを定義していたが、それを超える機械をつくりだすことによって、必ずや、みずからが存在しなくなるように設計するであろう、好むと好まざるとにかかわらず、私たちはそれに向けた準備をしなければならない、と。

デジタル化と手先仕事

この予言は、まやかしである。未来を解決するという幻想は、死を解決するというトランスヒューマニズムの夢と同じジャンルに属する。加えて、それは危険な幻想である。なぜなら、それを追究することは、さらに大きな廃墟の山をその背後に残すだけであり、私たちの後に続く者たちが世界でみずからの道を見つけだすことを、容易にするどころか困難にするからである。それは、彼らが後を追いかけるための道を残すことはない。もちろん、予言自体には何も新しいものはない。すでに見てきたように、この種の投影は、進歩という考え方の必然的な副産物であるからだ。[*7] 新しいかもしれないのは、その投影を実現に向けて手の届く距離へと位置づける技術的手段が登場したことである。これらの手段が約束するのは、生とその働きを超えた、つまり生き生きとしたものを超越する世界の道案内をすることである。この世界とは、**デジタル**的なものになるだろう。私たちの祖先にとって、最も途方もない夢をも超える、瞬時のコミュニケーションと大規模な計算能力という力をもたらすデジタル革命は、それを信じる人々によれば、定期的に再生する必要があり、老化し、機能不全に陥る人間の身体という住み処から知性を完全に解放しているように思われる。世代交代は、過去のものとなるだろう。

その幻想が無視しているのは、技術が機能するために、地球とそこに住まうものたちに課せられる要求である。それは、デジタル業務に必要不可欠な重金属を採掘するために、しばしばぞっとするような状況に置かれる、膨大な数の隷属化された身体の労働を無視している。そのシステム全体を稼動させ続けるスーパーコンピュータのエネルギー必要量と、それにともなう二酸化炭素の排出量を無視している。現在、地球を周回している数千の通信衛星を打ち上げるために使われた、ロケットの力を無視している。最後に、機能不全の機器が地球上、そして次第に宇宙で、有害な形で蓄積していることを無視している。地球に毒をまき散らすことは、そこから脱出することを夢見る、高い技術力を持った金持ちのエリートにとっては問題ではないのかもしれないが、他のすべてのものたちにとっては悪夢である。デジタル時代がいつまで続くのかは誰も知ることができないが、一五〇年の法則をあてはめてみたいと思う。石炭の全盛期は、一八一〇年代から一九六〇年代まで続いた。石油とガスの時代は一九一〇年代に始まり、おそらく二〇六〇年代まで続くだろう。そう考えると、一九八〇年代に始まったデジタル時代は、二一三〇年代までだろう。その後に何が続くのかは、誰も知るよしがない。ただし、確実に言えることは、デジタル化は永遠ではないということだ。

では私たちは、ポスト・デジタルの世界をどのように想像することができるのだろうか？デジタル時代は終わりに近づいているかもしれないが、今から一、二世紀後に私たちの後に続く者たちが、なおも両目、両耳、声、一〇本すべての指を備えているだろうことは、十分に確信できる。驚異的な正確さで指を曲げたり丸めたりする能力は、人間の祖先が他のあらゆるたぐいの生き物には真似できないやり方でみずからの足跡を残すことを可能にした。それはとりわけ、読み書きのできる者たちが手で書くことを可能にした。文章のあらゆる行において、思考がやってくるのを待つために躊躇しているかと思えば、その思考に追いつくために大急ぎで動くこともある手が、その後ろへと曲がりくねった跡を残していくと、言葉がページの表面にあふれだす。一方、読者は、情動に満ちた線の曲がりくねりを、その表面近くにとどまる目で追いかけることを課せられる。彼らは、指で線をなぞりながら、対応する音を発音することさえあるのかもしれないし、あたかもページそのものが話しているかのように見えるのだ。[*8] これが、来るべき世代にとっての読み書きのモデルになりうるのだろうか？

手で書く時の指先の動きは、皮肉なことに、デジタル技術の最初の犠牲のひとつである。なぜなら、ペンとページをキーボードと画面に置き換えることで、線を表面の上に刻みつけるという、厳密な意味での書くことが実際に不可能になったからである。キーボードでできることは、打つ《タップ》ことだけである。打つたびに、標準化された個別の図形の要素が画面上に表示される。

書くためには、これらの諸要素を単語や文章に組み立てて、伝えたい意味をコード化する必要がある。これによって、読者の目はたどるべき線も、足がかりを探すための表面も得ることができず、背後に潜む意味を取り出すために、窓ガラス越しのように、スクリーンを横断しなければならない。だが、一度デジタル化によって書き言葉から文字列の表面上の気晴らしがなくなってしまったのなら、なぜそこでとどまることになるだろうか？　書くことの後に話すことが、デジタル化の次の犠牲になることを想像するのは難しくない。最終的には、キーボードと画面が書くことから手の持つ情動的な力を追放したのと同じように、話すことから声の持つ情動的な力が追放されてしまうだろう。代わりに、脳からの神経伝達物質によって作動するデジタルシンセサイザーが、発話音声の標準化されたレパートリーから組み立てられたメッセージを発する。

手先と音声を使った表現の力を奪われた私たちは、私たちの技術と同じ道を歩んで、互いに保証された破滅へと向かう運命にあるのだろうか？　あるささやかな発明が私たちを窮地から救い出し、もしかしたら地球も救ってくれるかもしれない。それは、軸に取りつけられた手持ち式の筒でできていて、黒色の液状抽出物で満たされている。その筒の一端は閉じられており、もう一方の端には、真ん中に切り込みの入った角質の先端――羽毛や爪といったもの――が取りつけられている。先端部が表面に接触すると、毛細管現象によって液体が切り込みを通して流れ落ち、痕跡が残る。この器具を用いれば、ほぼすべての平らな面に書くことができる。その多用途性は、現代のいかなるデジタル・インターフェイスの追随も許さない。それをつくるのにほとんど費用はかからないし、それは、ほぼどこででも得ることができる天然素材からつくることができる。それは簡単に使うことができ、外部のエネルギー源を必要とせず、後に汚染を残すこともない。この単純な発明は、文字の未来を数千年にわたって守ることができるし、実際にデジタル化の力によって衰退の瀬戸際に追い込まれるまで、それはそうしてきたのである。この機器を用いて書くことを学び直せば、自分の声をもまた、私たちは取り戻すことができるのではないだろうか?

結び

本章では、頭字語論からデジタル化まで振れ幅の広い話題について述べた。それらは別のものであるのかもしれないが、両者の背後には同じ論理がある。それは、勉強すること、書くこと、話すこと、もしくは単に生きることのいずれであっても、線的な動きを、現在の平面上にぴったりとくっつけて、散在する点へと圧縮することである。その現在の平面は、過去にも未来にも屈することなく、結果として情動を枯渇《こかつ》させてしまっている。第1章で紹介した系譜学的モデルの論理との類似性が顕著である。このモデルが同様に現役世代の観点に根ざしていることを考慮すれば、驚くには値しない。だが、私たちが子をなす系統の中に系譜学的なもののオルタナティブを見いだしたように、頭字語論やデジタル化に対して私たちが提案する救済策は、生が続いていくための方法をもたらし、理性と自然との間、精神と世界の断絶を癒す潜在性を有している。頭字語論に対する救済策は、科学の付属品としてでも、その補完物としてでもなく、観察、実験、記述という、規律ある仕事における世代間の協働――再生の原初的な運動における祖先の道をたどり直す、つまり「再び捜す」という厳密な意味での**研究**《リサーチ》すること――に対する科学の責務を再び打ち立てる方法として、アーツを育むことである。[*9]

だが、デジタル化において、私たちの救済策は、より昔の書き方や話し方を再開することにある。歴史的には、もちろん、人間は認識可能な文字で書き始めるずっと前から話してきた。しかし、来るべき世代にとっては、それはまるで逆向きのものになるかもしれない。キーボードやタッチスクリーンの専制から手と指が解放されると、その解放は声にも及ぶかもしれないし、横行するデジタル化が、かつて絶滅のために印をつけていた、その詩的で韻律的な特質――一言で言えば、**反応＝可能性**――を解き放つことになる。かつて、ゆりかごから墓場まで、生の歩みとともにあった子守唄と哀歌は、生命を声によって存在させる名づけという実践とともに、デジタル・アーカイブに保全された記録済みの遺産としてではなく、生きた伝統として復活するであろう。書くことは、思考する手の器用な指さばきから生まれる。それは、舌と唇によってつくられた音の中で息とともに涌き上がる話すことへの扉を再び開くことになる。そして、書くためにペンを取り出す時には、私たちはおそらく、昔の耕作者のことも思い出すだろう。ページは農地であり、彼は農業サイクルが回転する中で土をひっくり返している。[*10]

このすべてが、ノスタルジーの糖蜜に浸りながら、時計の針を巻き戻そうとするはかない試みと響かないようにする上で、ここで問題になっているのは、交代ではなく、再調整であるということを強調しておこう。私が異議申し立てをしているのは、あるレベルから次のレベルへと**ブレイクスルーする**以外に、前に進む道はないという考え方に対してである。このように考える者たちにとっての誘惑は、人類の歴史的運命の成就を印づける最後のブレイクスルーが差し迫っている、もしくは今まさに進行中であると仮定することである。人間は、一時的に地球の支配者となるが、そうすることで、人間の制御を超えた規模の力を解放してしまったことに気づくであろう。そしてその力は、ブレイクスルーの存在を忘れ去ってしまうことを難しくすることになる。ここ数十年で、科学はこの物語に着せるための目新しく魅惑的なコートを考案した。科学が私たちに告げるのは、私たちは地球史上の新しい時代、その名も人新世に入りつつあるということである。この言葉は、とりわけ十把一絡げにあらゆる人間に汚名を着せている点において、論争を呼んでいる。確かに、歴史的に見て、主人よりもより多くの奴隷を生み出してきた物語の中にすべての人が加担しているわけではない。しかし、私を悩ませるのは、人新世のうちの「人」ではなく、「新世」のほうである。

地質学者は、地球の物語を一連の時代として紐解くが、その中で最新の時代であわせて第四紀を構成するのは、更新世、完新世、そして今や人新世である。この物語の中では、完新世が人類史の期間と一致し、歴史が始まる前の「初期人類」の時代である更新世と、歴史に終止符を打つ人新世という新しい時代とに挟まれているのは偶然ではない。人新世の始まりを知らせる指標、つまり世界中の地層で確認することができる、いわゆるゴールデンスパイク［訳注：国際地質科学連合が定めた、地質時代の境界を示すために地層に打ち込まれる金色の杭］を選ぶために多大な努力が払われてきた。それは、マイクロプラスチック、コンクリートの残留物、発電所からの煤煙《ばいえん》、ブロイラー鶏の骨の集積、あるいは核兵器の実験由来の放射性降下物であろうか？ただし、一本の杭《スパイク》が、時代をつくるわけではない。本当の問いは、その後に何が起こるのかということだ。もし人新世がほんとうにひとつの時代だとすれば、その後に生が存在するためには、今からは語りえない数百万年後に、人間と認識できるようなものであるか、それとも別のたぐいであるかにかかわらず、地球上に残っている生き物が次の層へとブレイクスルーするのを印づけるもう一本の杭を打つ必要がある。だが、もし人新世がほんとうは時代ではなかったとしたなら、どうなるのだろうか？

歴史の天使を忘れないようにしよう。彼が見ているのは、目の前に開かれている新しい時代ではなく、置き去りにされた廃墟である。それは、現在の平面に堆積し、つっかえながら歩んでいく進歩の行進によって、景観に刻みつけられた傷跡の中に見ることができる。もし人新世が時代ではなく廃墟であるならば、その後の生は、先人たちの道を取り戻すために、まさしく天使がしたように、それに背を向けること、もしくは背後に残していくことによってもたらされる。それが、再調整という言葉で私が言わんとすることである。私の主張では、人新世の後の未来は、私たちの祖先がかつてしていたように、また、動植物が現在でもしているように、あらゆる存在を育む自然の力とともに、どのように調和するかを再び学ぶことにのみ拠っている。しかし、系譜学的な相続と交代よりも、人間の生の再生と他の惑星的存在との共存を優先させることは、科学技術を脇に置くことを意味するかもしれない。結局のところ、未来は解決すべき問題ではない。それはむしろ、私たちみずからと、来るべき世代のために待ち望む生である。そして、それをつかもうと手を伸ばすことは、親子関係と子をなすこと、親族と出自という、古くからの主題にもう一度立ち返ることを意味するだろう。

解説に代えて

本書『世代とは何か』は、Tim Ingold, *The Rise and Fall of Generation Now*. Polity Press, 2024. の全訳です。

ティム・インゴルドは本書の冒頭で、人新世という惑星規模の危機に対して、人間性、自然、政治経済を再検討するプロジェクトを進める中で、未来に向き合う際の困難の根源は、世代に関する私たちの既存の考え方にあると気づくようになったと述べています。私たちは、世代を、現在を掌握し、前任者に取って代わり、それに前後して、後進に取って代わられるひとつの層として扱っています。現役世代は生きている中で次第に表舞台に上がって活躍し、その後、後継者たちに道を譲る中で衰えていくというこの考えは、インゴルドによれば、啓蒙思想の中で培われた進歩史観に基づいているのです。

そうした世代の捉え方こそが、私たちの目の前にある社会・環境危機をめぐる議論を進める上での大きな前提となってきたのです。しかし、その考え方を今後も用いるのであれば、私たちが直面している危機には処することができないというのが、インゴルドの見立てです。そう考えた上で、インゴルドは本書で世代とは何かを再検討し、世代をめぐる私たちの考え方をひっくり返そうとします。
本書でインゴルドは、複数の世代が祖先の道に沿ってともに生き、ともに働くことによって、みずからと子孫たちにとって、未来を確かなものにするという古くからあるやり方を、私たちのうちに再び取り戻そうとするのです。

この「古いやり方」とは、いったいどのようなものでしょうか？　そのイメージを、マレーシア・サラワク州（ボルネオ島）に暮らす狩猟民プナンでの私自身のフィールドワークに照らして、手短に描いてみたいと思います。

プナンの居住地には水道がなく、毎日老若男女は連れ立って、近くの川に水仕事に出かけます。一日分の汚れた食器、洗濯物を女たちは大きな籠の中に入れて持っていって、川べりで水仕事をします。その時、女たちは、子どもたちを連れていきます。夫たちもついて行くことが多いようです。

子どもたちは水浴びをしたり、泥遊びをしたり、少し大きな女の子たちは、母親の洗濯や食器洗いの手伝いをします。

夫たちは子どもたちの面倒を見たり、船で川の対岸に渡って、売るために伐り出してあった材木を運び出してきたりします。高齢者たちのうち、女性は、水浴びをしながら、孫や曾孫の様子を見ています。男性は、持ってきた投網を用いて、魚捕りをしたりします。水場には、家族が入れ代わり立ち代わりやって来ては、用事が済むとその場を立ち去っていきます。

水場に集うプナンの人たちは、現役世代、若者世代、老齢世代に分けられることなく、それぞれがその場で役割をこなしながら、みなが途切れなく、深くつながり合っています。子らは、洗濯や洗い物の手順を学びながら、他方で、水浴びをしたり、あるいは泳ぎをマスターしようとして、勇敢に川の真ん中に泳ぎだしていったりします。高齢者たちはその様子を見守り、時には、川の水に流されていく皿やコップを見つけて、大きな声で注意を喚起したりします。

プナンでは、若者も高齢者も、大人たちもみなが、あたかも糾《あざな》える縄のごとく、分かちがたく結びあうことによって暮らしているのです。これが、インゴルドのいう古いやり方です。

この古いやり方というのは、いわゆる「先住民思考」のことです。インゴルドは、今日、批判される傾向にある人間中心主義に対して、本書の中で、適切な意味での人間中心主義を唱えています。人間をふたたび中心に置いて世界理解を進めていく上でインゴルドが参照するのが、古いやり方、つまり先住民のやり方なのです。この一見時代に逆行するかのような意表を突くアイデアも、本書の重要な論点のひとつです。

一九四八年イギリスのバークシャー州レディングに生まれた人類学者インゴルドは、とりわけ一九九〇年代以降に、人類学だけではなく、その隣接学問諸領域やアートやデザインや建築において大きな影響力を持つようになりました。インゴルドのこれまでの主要なテーマは、人間の「生」です。

インゴルドにとって、生きているとは、行き先の決まった目的論的なプロセスではなく、行き先が常に更新され、宙に投げだされる流転するプロセスです。インゴルドは、人類学を、そうした生を生け捕りにする研究＝実践だと考えます。彼は世界に耳を澄まし、学ぶことから、未来に向かって生きていく方法を探り出すことを、人類学の中核に据えます。本書でもまた、人間の生が中心的なテーマになっています。

インゴルドは主要著作に、二〇〇〇年の『環境の知覚』（未訳）、二〇〇七年の『ラインズ』（二〇一四年邦訳）、二〇一一年の『生きていること』（二〇二一年邦訳）、二〇一三年の『メイキング』（二〇一七年邦訳）、二〇一五年の『ライフ・オブ・ラインズ』（二〇一八年邦訳）、二〇一八年の『人類学とは何か』（二〇二〇年邦訳）、二〇二〇年の『応答、しつづけよ。』（二〇二三年邦訳）などがあります。なお、インゴルドの人物と学問の全体像に関しては、拙著『はじめての人類学』（講談社現代新書、二〇二三年）の第5章「インゴルド――「生の流転」」を参照ください。

本書でインゴルドは、人類学だけでなく、哲学、心理学、教育学、生物学などの諸学を縦横無尽に駆使して、独自の議論を展開しています。インゴルドの著作を読み慣れていないと、理路を追うのにさえ難渋《なんじゅう》するかもしれません。この「解説に代えて」では、そのため、読者の皆さんの読解に少しでも役立てればと思い、章ごとの概要を、論旨に沿って整理しながら紹介していきたいと思います。

第1章「世代と生の再生」では、本書のキーワードである世代という語に焦点があてられます。親と子が隔てられ、世代から世代へと諸特性が相続されるという「系譜学的モデル」の考え方が、関連する諸学のあらゆる局面に広く浸透していると論じています。

インゴルドはまず人間の生を、綯《な》われた縄の比喩で語っています。縄の二回目のひねりは最初のねじりと反対になっていて、ほどけてしまわないための強度を保持しています。この縄のイメージが、インゴルドが本書で提示しようとする、分かちがたく結びあっている複数の世代の結びつきです。

一部の者が年老いて衰えていくのと同じくらい早く、別の者たちが生まれ、生というねじれの中に入り込んできます。参加者が目まぐるしく出入りするにもかかわらず、社会的な生は途切れることなく続いていくのです。

現代社会に暮らす私たちの世代観の土台には、ある特定の時点で、あらゆる世代が、同齢集団に振り分けられるという考え方があります。同齢集団が代わる代わる表舞台に上がってきて、やがて衰えて沈んでいく。この層位学的な考え方を、私たちは無意識のうちに浸透させてきたのだとインゴルドは捉えています。

世代交替はまた、リレーの比喩で捉えることもできます。先行者たちのエネルギーがたとえ衰えたとしても、新しくやって来る者たちの推進力によって、進み続けるというイメージが広く行き渡っているのです。

人類学者はこれまで、世代を跨《また》ぐ生のリレーを「親子関係」として概念化してきました。人類学者がフィールドで出会う親子関係を系譜学的な図式として表現することによって、リレーという生の現実とは逆に、親と子の世代間の断裂を生み出してしまったのです。系譜学的モデルは、複数の世代において続いている生を実質的に切断することになったのです。

系譜学的なモデルによって研究者たちは、過去から伝えられた素材と未来に受け渡す素材が何であるのかを考えるよう促されました。ダーウィン進化論が唱えられ、生殖を通して子孫へと伝達される一連の諸特性が現在において展開され、子孫においても繰り返されると唱えられました。生物学ではその後、系譜学的モデルに沿って、ＤＮＡの分子構造が発見されたのです。

これに対して心理学は、この生物学のモデルを拡張して、言葉や象徴行動に応用しようとしました。心理学者は、個体が他者を見習って模倣することで、社会的学習が起きると考えたのです。

系譜学的なモデルでは、それぞれの世代が、先行世代から遺産を受け取って、それを相続するのです。譲渡されるものは、土地や所有物のように、相続される生の全体から切り離されてしまいます。相続されるものは、生物学では遺伝子であり、心理学ではミームです。この遺伝子と文化の共進化に対して、もうひとつ、生態学のニッチ構築が加えられてもいいだろうとインゴルドは述べています。

遺伝子（生物学）、ミーム（心理学）、ニッチ構築（生態学）は、現実的には、複数の世界が重なりあって進行する「持続」の中にあるのです。本来は、ある世代の生から別の世代の生に持続されるものを、系譜学的モデルに沿って相続するとみなすことによって、研究者たちは、世代を区切って考えるための基礎を築いたのだとインゴルドは論じています。

第2章「人の生涯をモデル化する」では、世代を介して、人の生涯がどうあるべきなのかが論じられます。インゴルドは、誰もが一生懸命に働いて力が頂点に達する「中間局面」としての「現役世代」を挟んで、能力形成期にあたる「第一局面（若者）」、劣化と衰退の時期である「第三局面（高齢者）」の流れを「釣鐘曲線」のイメージによって提起しています。その後、シベリアの先住民チュクチの考えを参照しながら、若者と高齢者が再び協働して、集団的な生の条件を築いていくためには、現役世代の支配を緩めていく必要があると示唆します。

先祖たちがあなたに同じ方向に進み続けるようにバトンを渡し、後ろからあなたの子孫たちが追いかけていく。そして子孫たちが、あなたがずいぶん昔にいた場所に今いる。突然あなたは、向きを百八十度変えるように命じられる。そうすることで、あなたが背を向けた先祖たちは過去へと退いていく。この向きを変えるという行為は、あなたの世代が現在に対する領有権を主張することにつながるのだとインゴルドは言います。でも、その状態は永劫には続きません。次世代からの圧力が強くなって、あなたの世代は前に進んでいくことを余儀なくされるからです。

ところで、時計がチクタクという音によって印づけられる一連の停止の中にあるのと同じように、生もまた、流れるものがつっかえながら動いていくことの中にあるのだとインゴルドは言います。一日盛り動くことで、先行世代は、過去の忘却へと消え去っていき、来るべき世代は、現在に場所を占めるために片足を移動するわけです。

インゴルドによれば、現在による未来の所有は、過去が誤っていたという前提の上に成り立っています。過去は間違いであるため、私たちは、科学においても、建築においても、教育においても、常に先人たちよりも物知りなのです。しかし現在の解決案もまたやがて、誤りであることが判明します。

パウル・クレーの絵画に描かれた「歴史の天使」のイメージを用いて、インゴルドはこのことをなぞっています。天使は過去に顔を向け、瓦礫を寄せ集めてつなぎ合わせようとします。しかし、楽園から嵐が吹いてきて、天使は翼を閉じることができないままになるのです。嵐は背を向けている未来へと天使を押し流していくのですが、その間に、瓦礫は積み上がっていきます。嵐こそが進歩なのなのです。

天使はそこでは、未来にとって過去となる時代に向き合っています。私たちの後ろに伝統を置くことは、現役世代が過去に囚われていることに他なりません。逆に、前を向いて伝統とともにやっていくことは、未来を開くことにつながるのだとインゴルドは主張します。

インゴルドは、現役世代を中間局面に位置づけます。そこでは誰もが、世界制作に忙しく、自分の可能性を最大限に発揮するために、一生懸命働いて力が頂点に達します。その中間局面（現役世代）を挟んで、精神の能力形成期の第一局面（若者）から、劣化と衰退期の第三局面（高齢者）への流れを、インゴルドは、釣鐘曲線というイメージによって提示しています。

現役世代の代理人は、進歩の名の下に縄を断ち切って、第一局面の子どもたちを年長者から引き離します。現役世代を介して、若者と老人は、両極へと分断されるのです。インゴルドによれば、これが近代の大いなる悲劇のひとつです。その背景にあるのは、資本主義によって家庭内生産様式が浸食されてしまったことや、教育機能が家庭から国家へと再配置されたことなどだとインゴルドは述べています。

現役世代は、進歩的に発展するという野望を抱きながら、目の前にある課題に挑戦します。しかし生はずっと持続しているのであり、若者と高齢者がもう一度協働して集団的な生の条件を築いていかなければならないのだとインゴルドは主張します。そのためには、現役世代の支配を緩める必要があるのです。

では、どのようにすれば現役世代の支配が緩められるのでしょうか？　そのことを説明するために、シベリアの先住民チュクチの知恵が持ち出されます。

チュクチにとって、諸々の事物や存在は「生」の真っ只中で、独自の形と性格を持つ「存在」形態を取ります。彼らは、あらゆる存在は、それ自体がやって来た元々の場所へと溶け戻っていくと考えるのです。

チュクチには、死は終着点ではありません。それは生の流れそのものです。現実の生は、流れ自体から切り離されることなく、方向を変えていって、自分自身や他の生に巻きつきながら、流れの中にみずからを形づくっていくのです。

生は前へと進んでいくが、ある特定の生は、気が進まない調子で、流れに逆らって遅れを取るか、あるいはスタミナが続く限りは、みずからの身体的な力へと取り込むものの、いずれ死によって大きな流れの中に戻っていくのです。チュクチにとって、存在という「現実的なるもの」は、生という「可能なるもの」から引き出されます。

こうした動き全体を急停止させるのが、現在の領有権を主張する現役世代です。インゴルドは、思想家ヴァルター・ベンヤミンを援用して、現役世代は、未来をうらやましく思うのではなく、現役である期間の中で幸福を感じるのだとも述べています。現役世代にとって、死は外敵であり、それに打ち克つことが目的なのです。

ひるがえってチュクチの人たちは、死を最終的なものとして扱うことをよしとしません。彼らは、可能なるものである生へと再流入することを妨げる生物医療の下で死ぬことを最悪のことだと考えています。

チュクチにとって、若者と老人はともに、天候や季節、波や川、植物の生長と衰退、動物の往来、息や心臓の鼓動などの、生のより永続的なリズムに触れています。私たちも、若者と老人の知恵を集めれば、そのようなリズムを取り戻していくことができるはずだという言葉で、インゴルドはこの章を締めくくっています。

第3章「道を覚えていること」では、道や地面や大地を手がかりとして、人間にとって生とは何かという問いを深めています。今日の人々は自分たちの時代を生き、過去の人々は過去の時代を生きたという考えに適合的なのは、地面に堆積し、記憶化される「アーカイブ」です。他方、天地を返して、下のほうにあるものが過去でなく、未来に向かうにつれ表面に浮き上がってくるという考えに合うのが、「アナーカイブ」だとインゴルドは言います。本章の後半では、マレー半島の先住民バテッの事例を引いて、未来と過去がひとつの道行きの中に納まっているアナーカイブ的な道のたどり方を紹介しています。

インゴルドはまず、人類学だけでなく、人文諸学、あるいは建築理論の背後には、「生は現在において生きられる」という前提が潜んでいると述べています。今日の人々は自分たち自身の時代を生きており、過去の人々は過去の時代を生きていたというわけです。「遺産」という考え方の基礎にあるのが、こうした考え方です。遺産とは相続財産であり、ある世代から次の世代へとそのまま手渡される形見のことです。しかし、複数の世代にわたって持続する生は相続することなどできないとインゴルドは言います。考えてみれば私たちは、親族や情動、家庭や場所、言葉を相続することはできないのです。

生を遺産に変えるには、人を所有物に、情動を効果に、家庭を家に、場所を土地に、会話をテキストに変える必要があるとインゴルドは指摘します。先祖伝来のやり方が遺産に変えられる際に、その生が抜き取られます。そして生が抜き取られれば抜き取られるほど、生は現在の平面に押しつぶされてしまうのです。

そのような説明をした上でインゴルドは、「道」という概念を出してきます。道を歩くとは、その道がどのように進むのかを思い出すことです。道を遺産に変換することは、それを記憶の対象へと変えることなのです。

歩行者の足跡は、道に新しい地表面を追加するのではありません。それは、地表面を削ることによって、継続的に更新されていくのです。

道はその意味で、ペンと羊皮紙の古い書記技術であるパリンプセストに似ています。羊皮紙は再利用のために、表面が削り取られるのですが、かつて書かれていたものの痕跡のいくらかは常に残ってしまいます。そこでは、古い書き込みは現在という表面の下にあるのではなくて、新しい文章が沈んでいくにつれて、表面に浮かび上がってくるのです。

地面が積み重ねられるところでは、記憶はアーカイブの形を取ります。他方、地面が積み重なるのではなく、天地を返すように生み出されるのだとしたら、下のほうにあるものは、過去というのではなく、未来に向かうにつれて、継続する活動の表面に浮き上がってくるでしょう。下のほうにあるものは、真下にあるのではなく、進行中《アンダーウェイ》だと見るべきなのだとインゴルドは主張します。

中世の書記たちは、羊皮紙とペンを用いるみずからの仕事を、鋤を使って土を返す農民の労働に喩えました。層が重なる世界では、下に掘り進むか、上に積み上げるかのいずれかですが、農業サイクルのリズムにあわせて天地を返す世界では、地面に刻み込むこと自体が再生の行為なのです。

インゴルドは、古代のやり方を地表に浮上させようとする時間の働きとともにやっていくことが大事だと述べています。古代のやり方は、それが未来に続いていくにつれて、やがて生者たちにも辿られるのです。それは、発掘することではなく、大地から取り出すことなのです。

過去の堆積物に再生の可能性がないのではありません。人間(human)の語源が腐植土(humus)であるように、埋葬することの目的とは、地面の下に埋められた根や塊茎が植物の成長を約束するのと同じようなやり方で、継続する生の腐食的な基盤を築くことだとインゴルドは言います。そうだとすれば、堆積は発掘を可能にする一方で、埋葬は大地から取り出すことを可能にすることになるのです。

インゴルドはここで、地面に堆積し記憶化されるアーカイブに代えて、アナーカイブという概念を提起して、その重要性を説いています。アナーカイブとしての景観は、地上で新しい生を営もうとする、地下の根と走茎の反乱だと言うのです。

マレー半島の熱帯林の先住民バテッは伝統的に狩猟と採集によって暮らしてきました。バテッにとって、森は単に食料の貯蔵庫というだけではなく、狩りや魚獲りをしたり、籐を集めたり、人に会ったり、親戚が住んでいたりする場所であり、思い出にあふれる生活世界です。森の中を歩き回っていると、記憶が表面に浮かび上がってきて、物語の中で回想されます。場所が亡くなった人の記憶を呼び起こす場合、バテッの人々はこみあげる感情を指す「憧れる《ロンギング》」という言葉を使います。

バテッにとって、生の道に沿って旅することは、以前に去ってしまった人々を覚えていることとです。下草の中に消えようとしている先人たちの小道は今や地面と同化しつつあるように見えるのですが、注意を払えば、先人たちの後を追うことができます。

バテッの人たちは、憧れるのです。憧れる《ロンギング》ことは、なじむ《ビロンギング》ことでもあります。人々は古老たちの導きに従って、古老たちになじんでいく。バテッにとって到来する《カミング》ことは、なる《ビカミング》ことです。到来することと憧れることは、長い道のり《ジャーニイング》を行くことと覚えている《リメンバリング》ことであって、それらは同じ根源的な動きの表と裏なのです。バテッは、到来しながら憧れ、長い道のりを行きながら覚えているのです。

ここで少し立ち止まって、本書の重要なキーワードである「憧れる（long）」に関して手短に述べたいと思います。それは、マレー半島のバテッ語の「ハッキップ」の訳語です。同じマレーシアのボルネオ島に暮らすプナンにも同じような意味合いの「タワイ」という語があります。

それは、「お前がいなくなると寂しくなる」とか「彼のことを思い出す」というふうに、未来だけでなく過去の不在や状態に用いられる情動語彙です。それらは、待ち望んだり、覚えていたり、懐かしんだり、思い出したりする時に使われます。

実は、こうした意味合いの言葉が、本書でインゴルドが提示している、下のものが必ずしも過去でなく、未来に向かうにつれ表面に浮かび上がるアナーカイブ的な世界理解のイメージにつながります。これを日本語で一言で表すのは難しいのですが、本書では、未来と過去の対象の両方に対して使われる「憧れる」と訳しました。現在の下のほうに過去を沈め、その上のほうに未来を打ち立てることに慣れている現代人には、バテッやプナンの世界は風変わりに思えるかもしれませんが、私たち日本人もかつては、「心が体から離れて彷徨う。惹かれる」というより強い意味で、両方の時制に対して「あくがる」という古語を使っていたのではなかったでしょうか？

ところで、バテッの人たちのやり方に対する理解を補充するためにインゴルドは、人類学者トゥック・ポー・ライに、病気になった子孫を見舞った旅の話をしてくれた老人のエピソードを紹介しています。老人は、旅の中でずっと小さな男の子に憧れていたと言います。憧れることは、未来を呼び起こそうとするのでも、過去を回顧しようとするのでもなく、生の時間的な広がりに気遣いと注意を合わせようとすることであり、持続の軸を辿ることであるとインゴルドは指摘しています。

物語られた景観のいたるところに記憶があるバテッにとって、記憶された遺産を歴史のショーとして再演しようとするノスタルジアは不要です。生き生きとした景観が持つアナーカイブ的な力を、近代の現役世代が鎮圧してしまったことが、このバテッの事例から浮かび上がるのです。

第4章「不確実性と可能性」では、生の可能性が論じられます。未来の「不確実性」にどのように取り組むべきかというテーマを掲げて、本書において最も抽象度の高い議論を展開しています。現役世代は、科学に頼りながら不確実性の空白を埋め、未来を予測可能のものにしようとします。これに対しインゴルドは、生をひとつの可能性があるだけのものと捉えて、縦軸で世代と世代が重なりあって、協働しながら歩んでいく道を探っています。

本章でインゴルドはまず、私たちは、現在の時点で踵《きびす》を返して生を後ろ向きに歩き、そうしていなければ目の前に広がっていたはずの未来を見ないことを選んでいるという、第2章で提起した議論にいったん戻っています。この後ろ向きの視点からは、自分がどこへ向かっているのかが見えないため、私たちが思いつくどんな計画やプロジェクトも不確実性を孕んでいるように見えてしまうと言うのです。

インゴルドによれば、未来が不確実だということは、私たちの知識にはまだはめ込むべきパズルのピースが欠けている。その絵を完成させるために「科学」に目が向けられるのです。科学とは儀礼と修辞に基礎づけられた制度装置であり、その存在意義は、不確実性の穴を埋め、現役世代のうちの先駆者が自信を持って、未来を予測できるようにすることにあるのだと言います。

しかし、インゴルドは、不確実性の穴を詰めるのではなく、そこを可能性が大波のように流れていくことが大切なのだと唱えます。その上で、可能性の領域としての未来に向き合うにはいったい何が必要なのかを問うています。

今日の若者は、生の流れを、みずからの可能性を最大限に発揮する過程であると考えています。つまりあらゆる可能な道が次第に、実際に取られるひとつの道にせばめられていく動きであると捉えているのです。でも、可能性を継続的に回復させることが大事なのだとしたらどうすればいいのでしょうか？　その答えを、インゴルドは、生とは「ひとつの可能性のもの」だと捉える、オーストラリアの先住民ピントゥピに求めています。

ピントゥピは、ドリーミングと呼ばれる、過去の出来事がいまとここで起きているという独特の時間構造を生きているとされます。ドリーミングの時間では、あらゆる生ある存在が、割り当てられた期間にわたって存在する「いつでも」なのです。先祖が導くところには、必ず生があるという考え方は、再生のための条件を定め、アナーカイブ的な方向感覚を授けることになるとインゴルドは述べています。死者は先を行っているのですが、景観の中に常に存在し、活動しているのです。

ピントゥピにとって、人生とは可能性がひとつだけのものなのです。当初は人々に複数の可能性が提示されるのですが、生が進むにつれてそのメニューが狭まっていくという、私たちが慣れ親しんでいる考え方は、ピントゥピの人たちにとって意味をなしません。ドリーミングの時間を生きるピントゥピにとって、世界は生命力の尽きることのない源です。実際に、人々は、年を取るにつれてますます力強くなっていくと言います。

ピントゥピの民族誌から得られたこうした見通しを踏まえて、私たちの生の捉え方を見直してみるために、インゴルドは次に、哲学者のジョン・デューイに頼ります。デューイは、「意図」と「目的」の間を接続する横断線に対して、可能性を持つ線は、直角方向に進んでいくのだと捉えました。しかし、生は、目的に留まっているだけではありません。生は、それ自身のためだけではなく、それが絡みあう他のすべての生にとって、さらなる可能性に向けて進んでいくのです。

可能性の道は、インゴルドによれば、「注意」の線です。そして、注意には、「さらけ出し」

と「調子合わせ」という二つの面があります。何らかの活動に乗りだすことは、みずからの存在を危険にさらすことなのですが、生きるためには、動き出さなければなりません。「くぐり抜ける」ことは、さらけ出されてあることから始まります。「さらけ出し」の傷つきやすさから始まったものは、「調子合わせ」を熟達せることによって終わり、永遠に続く反復において今一度、さらけ出されるという危険に晒される地盤がもたらされるのです。

生にはひとつの可能性だけがあって、それはどこから始まるわけでも、どこで終わるわけでもなく、いかなる時にも続いていきます。ひとつの可能性だけがある生は、横軸的ではなく、縦軸的に生きられる、つまり世代と世代が重なり合って協働して未来を築くことができるようになるのだとインゴルドは主張します。

それぞれの世代は、次の世代を生みだす際に、気遣いの気持ち、愛の気持ちを込めて、みずからの子孫に寄りかかります。インゴルドによれば、ここに生の可能性が秘められていて、そのため、生は常に「感嘆」をもたらします。

生における感嘆を、インゴルドは科学の「驚愕」と区別します。科学者が、予測したことが誤りであったことがわかった時にするのが驚愕です。インゴルドによれば、不確実性が驚愕を生むのに対して、可能性は感嘆の道を開くのです。

先住民や子どもたちなどのように、注意を引く人物や物に「憧れる」者たちは、感嘆することはあっても、驚愕することはありません。彼らは、世界が予測可能、説明可能であると信じるほど傲慢ではないからです。さらけ出されることは彼らを傷つきやすくしますが、それはまた強靱さ、回復力、知恵の源泉でもあるのです。

感嘆に満ちた注意とは、事物の動きに沿って、それに対応することです。そのことによって私たちは、事物と「応答」していくのです。応答とは、上に積み上がっていくものではなく、手を取りあっていくことに他なりません。インゴルドは、まさにこのことが、絡みあった世代と世代がともに進んでいくやり方なのだと主張するのです。

第5章「喪失と絶滅」は一転して、種と人種をめぐる考察にあてられます。種とは、生き物の本来の世界から無関係に措定されたカテゴリーです。種では、世代間で、ある特性が相続されます。その考えはまた、人種の概念へと拡張されています。インゴルドは、実際には、人種は種と同様に、ともにある者たちの資質や気質をそれぞれの構成の中に内包していくにつれて生じる「差異」に他ならないと指摘しています。さらに、種の喪失と絶滅をめぐって講じられる国際的な環境政策は、先住民にとって、自然からその出生力を奪い去るものになっていると主張します。

本章でインゴルドはまず、発見されたり失われたりした種の数を数えて、生命の繁栄や衰退を測ることは、人間が他の生命との共存を続ける上で役に立たないと主張します。現役世代が現在の領有権を主張する時に、人間の先行者たちだけではなく、ともに生を送ってきた他の生命の複数の世代に対しても背を向けるのです。そうすることで、自然を、その未来が保全の中にしかありえない、過去のアーカイブへと変換してしまったのです。

ダーウィン以降の生物学にとって、種とは、共通の祖先を持つという理由で、家族的な類似性を共有することを運命づけられた個体の集まりです。すべての個体には、種のアイデンティティが最初から与えられているのです。種は、生を通して成長するのではなく、変更したり捨て去ったりすることはできないものです。

種はまた、以前の世代から複製された属性の相続によってのみ決定されるものであり、その生き物の行動や、生息場所、他の動物や環境との関係、産む子どもといった、その生き物の世界の現実から無関係に独立してしまっています。種をめぐる思考は、現在において使い果たされて、後世のためには、その特性の仕様しか残さないのです。

生物圏を種ごとに区分けし、その数を数えることは、生き物を形づくる生命力を吸い上げることにつながっています。生き物の形質は、各々の生き物を形質の束に還元し、生き物を分類単位に振り分けるためだけに認識されるのです。それぞれの種はカタログの項目であり、あらゆる生き物の個体は、その型の標本なのです。これ以上生きた標本が見つからなくなると、その種は絶滅したとみなされます。生き物がカタログ化され、種のアーカイブに登録されるようになるにつれて、その生命力は弱められていくのだとインゴルドは述べています。

現役世代は、かつてその前にいて、常に新たな生命を誕生させていた自然を、背後にあって遺産として保全されるべき自然へと変えてしまったのです。科学によって生命は消去され、すでに失われてしまっているのだとインゴルドは主張します。

私たちが自然の中に目撃するのは、生きているものやかつて生きていたものたちの標本ではなく、ある特定の生き方の発現であり、能産的自然の中で、自然が手を差し出してきて、露わにしていることのしるしなのです。インゴルドによれば、この世界では、あらゆる生き物は、その活動とイコールなのです。キツツキは木をつつき、アリクイはアリを食い、スイカズラは蜜を吸おうとするハチのために蜜を提供します。生き物を観察するとは、このような活動が続いていくのを目の当たりにすることに他なりません。

ところで、カール・マルクスの関心は、「種＝生命」から「種＝存在」への視点の切り替えを理解することであったとインゴルドは言います。マルクスの言う種＝存在とは、人類がみずからを、自然の上に位置づけながら、生命を生み出す自然の力に背を向けるという、人類特有の立場のことだったのです。

世代間の継続が保証されている限り、異なる種は互いに依存しあって、複雑な網の中で絡まりあって、その間ずっと、それぞれの振る舞いが変わっていくのに応じて、他の種とともにみずからの生を歩み続けます。それに対して、トム・ヴァン・ドゥーレンによる絶滅研究は、現役世代中心主義に貫かれています。ヴァン・ドゥーレンは、私たちがありうる未来を形づくるために、いかに過去の遺産を相続するかに関心を注いでいるのだとインゴルドは言います。

種＝生命はアーカイブに割り当てられ、それに基づいて私たちは、後継者のために未来を形づくっていく。その意味で、アーカイブは、人間であろうと人間以外の存在であろうと、彼らに背を向けて、彼らの生を保全されるべき遺産に変えてしまいます。ヴァン・ドゥーレンは持続の線でなく、相続の線を論じているのだとインゴルドは指摘しています。

インゴルドはまた、人種と世代に関する考え方は、互いに影響を及ぼしあっているのだとも言います。世代が垂直に積み上げられると、すべての人種は人類のある特定の層として再び現れ、その層は「種＝遺伝」の系統に沿って、先行者に取って代わるようになり、次にはその後継者に取って代わられてしまうのです。

世代が人種に転じたのは、種＝生命の糸がほどけ始めて、子をなすことの継続が危ぶまれた争いの時代だったというのが、インゴルドの見立てです。ダーウィンは、野蛮人たちの戦争の最中、より多くの割合で、才能に恵まれた男たちがいたおかげで、戦いに勝利した部族が他の部族に取って代わったと書いています。より優れた知性と道徳的な不屈の精神に恵まれた勝者が、相続によってその恩恵を次世代に授け、次に戦う部族に負けてしまうことで、進歩が続いていくと考えられたのです。

植民地列強は、ダーウィンの考えに基づいて、文明の進歩の名の下に、みずからが征服した土地の先住民を根絶しようとしました。人類の世代が一段ごとに、より優れたものに進歩していく、積み重ねられた層のように、互いに取って代わるものだと考えるようになって初めて、人種概念が今日のような有害なニュアンスを纏うようになったのだとインゴルドは論じています。

タスマニアのアボリジニの人たちは、一九世紀に白人入植者によって絶滅へと追いやられたと長い間考えられてきました。しかし今日でもなお、タスマニアのアボリジニ・コミュニティが存在し、彼らの先祖にはアボリジニだけでなく、入植者が到来する以前から島の先住者たちと関係を築いてきたヨーロッパ出自のアザラシ猟師たちも含まれることが明らかになっています。タスマニア人の絶滅は人種主義者の神話に過ぎないのだとインゴルドは示唆しています。

インゴルドはまた、人間の世代が絡まりあいながら、互いに肩を寄せあいつつ、ともにある者たちの資質や気質をそれぞれの構成の中に包み込んでいくにつれて生じる差異に言及します。たくさんの生命からなるこの生命は、境界づけられた多様性ではありません。それらは、境界づけられない差異によって特徴づけられ、いかなる分類学的な区分をも受け入れないとインゴルドは論じています。

生命は閉じ込めることができないし、数多《あまた》の生命が糸の結び目のように出入りを繰り返すのです。その意味で、すべてが絶滅しない限り、絶滅するものはありません。絶滅の物語が語られるためには、それを語る他の者たちが残っていなければなりません。動物にできないことは、生きることと語ることとを区別し、みずからの生を生きることの中に他の生の物語を織り込んで、それらをともに多くの生からなる物語へと編み上げていくことです。この能力は、人間に特有のものです。もしそうなら、絶滅の物語は、それらを語る人間を抜きにしてはありえないとインゴルドは言います。

インゴルドが皮肉を込めて、「アッテンボロー症候群」と呼ぶ現象があります。アッテンボローのテレビ番組は人気があって、世界の隅々で観察される種＝生命の映像を、北半球の多数の家庭の居間に送り届けています。その番組には、生き物たちはこの世界の共通遺産であり、私たちの保護を求めているというメッセージが含まれています。加えてそこには、世界を飛び回る科学技術エリートの手の中にこそ救いがあるというメッセージがパッケージ化されていると言います。

現役世代は、過去の遺産を保護するのか、あるいは未来を予期するのかという選択にしばしば直面します。現在、それらの対立する課題の解決策を見いだすための努力が、国際的な環境政策決定の議題の大半を占めていると言います。その解決策とは、人間の干渉から自由になった、野生動物の避難地として指定された保護地域、つまり公園の厳密な境界を設定することの中に見出されることが多いようです。

このことが、影響を受ける土地の先住民にとって良い結果をもたらすことはほとんどありません。先住民たちは、自分たちが関わることが一切ない政策によって、伝統的なやり方に従ってやっていくことを禁止されてしまいます。先住民にとっては、保全でも開発でも、同じことなのです。

こうした議論を踏まえてインゴルドは、先住民はたいてい、種の喪失を、絶滅ではなく、彼ら自身の不品行か外部の影響による、「ともに生きる」関係の不履行に起因すると考えていると言います。外部の政策は、自然からその出生力、つまり子孫と未来をもうける能力を奪い去ってしまうのです。インゴルドによれば、先人たちがそうしたように、異なるたぐいの生き物たちが、それぞれの道を進んでいきながら、互いの性質に対して注意を払い、反応し続けることを可能にする、ともに生きる関係を確立することの中にひとつの解決策を見いだすことができるはずです。

私たちがしなければならないことは、現役世代が現在の利害関係者であるという主張を放棄し、先住民と同じ方向へと私たちの生を向け直すことだというのが、この章でインゴルドの言わんとしていることです。

第6章「人類を再中心化する」では、人間を今ふたたび経験世界の中心に据えることの大切さをめぐる考察がなされます。人間らしさが、複数の世代が縄のように絡みあっていく過程で生産的な成果として生まれ続けていくとすれば、「人間する」ことを通じて、周囲の生命が繁栄することに関しても、人間だけに課された責任を認識しながら、人間を再中心化しなければならないのだと唱えます。

最初に、初期人類から現生人類を区別し、太古の、だが子どものような人間が自然と決別し、歴史に向かうためには、Uターンが必要だったと述べています。このUターンは、あらゆる現役世代が成人に仲間入りする際に、親子関係の糸を断ち切り、自己意識と世界を変えるための力を獲得する地点で反復されるものと同じです。その時、現役世代は、現在の領有権を主張します。人類史における初期人類の時代と同じように、子どもという「初期」の時代は、過ぎ去ったものとして扱われます。

現役世代にとっては、子どもよりも大人、先史時代の初期人類よりも科学者や哲学者のほうが「より人間」なのです。西洋の入植者たちは、これと同じ論法を用いて、入植した土地の人たちを人間以下の存在として扱い、強制移住させ、奴隷化し、虐殺することさえ正当化しました。

こうした見通しを踏まえて、複数の世代が集合的な自己創造をする種＝生命のために、インゴルドは「人間」を動詞に変えて、その過程を「人間する」と呼んでみようではないかと呼びかけます。

「人間は人間する動物である」と言った一四世紀の神秘主義者ラモン・リュルが紹介されます。彼の哲学では、人間することは、世界を人間化することではありません。それは、人間が生の中で、みずからの存在を築き上げることでした。

人間らしさとは、最初から与えられたものではないし、また決して完成されるものでもありません。インゴルドによれば、それは、生が続く限り、複数の世代が縄のように絡みあっていく過程で、継続的に働きかけ続けた生産的な成果として生じるものです。

人間性の主張に対して最もよくなされる非難は「人間例外主義」に対するものです。人間例外主義の批判者は、人間を底部に、その他の者たちを頂点に置くというちゃぶ台返しをします。このことがもたらした効果のひとつは、「非人間」と呼ばれていたものに「人間以上」のものという名を授けることでした。

しかしインゴルドは、人間以上という言葉とともに非人間について語っても、人間例外主義に対する反撃にはならないと主張します。事物や存在を、それら自体として成立させる差異のすべてを、そうではない、人間という覆いの下に隠すことで、むしろ人間例外主義を強化してしまうと言います。インゴルドによれば、人間以上という言葉で、人間だけが破ることができる自然の限界を、あらゆる他のたぐいの存在が超える人類の限界で置き換えてしまっているだけなのです。

当たり前のことですが、世界には人間だけが住んでいるわけではありません。そうすると、なぜ、いまだに人間があらゆる被造物の共通分母として捉えられなければならないのかが疑問となるのです。もし水中や空中にいるなら、陸上の生き物に対して、それらは魚以上の、もしくは鳥以上のものであるとは言わないはずです。

インゴルドは、人類の限界を超えて、人間の未来を見ようとしないポストヒューマニズムの哲学者たちには同意できないと言います。彼は、すでに去ってしまった者たちのやり方にしたがう人たちにとって、未来は、人間していることの中にあることを強調します。生命を定義づける性質とは「過剰」に他なりません。

絶えず生成しつづける世界において、人間している存在を取り戻すことによってのみ、この惑星が未来に繁栄することにおいて人間が役割を果たすことができるとインゴルドは主張します。それは、人間中心的な見解だとも述べています。

インゴルドが言いたいのは、人間的自己を経験世界の中心に据えることの大切さです。人類を頂点に置く（西洋発信の）人間中心主義は、みずからの目的のために、時間の経過を止めることができると考える、あらゆる現役世代の傲慢さから生じているとインゴルドは指摘します。現役世代はやがて次世代に降伏し、次には、次世代が同じ運命を経験します。そこでは、それが進歩なのです。

すでに見たように、現役世代が進んでいる方向から過去に向き直って、現在に領有権を確立することによって、瓦礫がどんどんと積み上がっていきます。インゴルドは、そうするのではなく、先人たちと同じ方向を向いて、ふたたび先人たちの道に加わることが大事だと言います。そのことは、終わりのない再生の道に沿って、巻きつきあって進んでいく複数の世代の間で、人間を頂点からふたたび中心に位置づけることに等しいのだと論じています。

人間が例外的であるのを止めるわけではありません。インゴルドによれば、例外性の重荷は、支配から共存へと移らなければならないのです。

インゴルドは、人間中心主義も人間例外主義も本質的には有害ではないと述べています。有害さは、積み上げるものとして世代を考えることが生んだものです。代わりに、インゴルドは、世代が巻きついていくものであると想像するよう促します。周囲の生命が繁栄することに関して、人間が有する例外的な責任を認識しながら、人間を世界の頂点から中心へと回復させなければならないのです。

生を進ませ続けるという概念の起源へと立ち返ってみることが、より希望にあふれたやり方だとインゴルドは唱えます。彼の主張は、人間以上の世界の中心に人間の存在を置くという、適切な意味における人間中心主義です。

人間以上の世界の中心から、責任と気遣いに基づいて、私たちは地球とそこに住まうものたちとの関係を再交渉することができます。その意味で、持続可能的に生きることは、自己と他者が相互応答しながら、他者とともにみずからを存続させていくことです。持続可能性とは、インゴルドにとっては、「応答」に他なりません。

人々が家族や親族、家や農地、植物や動物、人工物や風景の面倒を見るという、あらゆる種類の日常的な気遣いの実践は、合理的な資源管理の政策を実施することから後回しにされてもいいようなものではありません。それらにこそ、生命維持活動としてふさわしい価値が与えられるべきなのです。

その上でインゴルドは、世代の縦方向の絡みあいの中で測定される持続可能性は、進歩的発展を目指す目的論とは相容れないという点に注意を喚起します。持続可能な未来は、未来と対面するために、先祖に背を向けることによって可能になると考えるのが、現役世代の立場です。

それに対して、祖先のやり方を記憶し、憧れることの中にこそ、持続可能な未来があるとインゴルドは説いています（憧れることに関しては、第3章を参照してください）。

現役世代にとって、持続可能であることは解決すべき問いです。彼らは、みずからが最後の世代になることを願いながら、永続化する自己調整的な全体的地球システムを設計することを夢みるのです。しかし実際には、現役世代が計画する持続可能な未来は、ただの計画でしかなく、あらゆる計画と同様にそれは、他のものに取って代わられる運命にあります。それに対して、憧れることには、目標も最終的な目的地もなく、続いていこうとする、抑えられない欲望があるのです。インゴルドは、この古いやり方を賞賛します。

しかし、古いやり方に従うことによって、どうして再生がもたらされるというのでしょうか？　現役世代は、進歩を抜きにして未来などなく、イノベーション抜きに進歩などありえないと主張します。しかしすべての目新しい進歩は、それが実現されることで終わってしまいます。再生とは、春に世界が生命を取り戻し、夏の収穫が予告される時、可能性と希望の感覚で私たちを満たすようなもので、私たちは常に始めることができるのだとインゴルドは言います。私たちに影響を与えるのは、ある季節から別の季節への生命過程のリレーなのです。あらゆる動植物が私たちに告げるように、再生が生じるのは、古い小道をたどる時であることをインゴルドは強調します。持続可能性にとって本当に重要なのは、生の連続性だと言うのです。

こうした議論を踏まえて、ノルウェー北部の先住民サーミと風力タービンをめぐるエピソードが提示されます。風力タービンが、国の出資で建設され、環境を汚染しない再生可能エネルギーを提供するための大規模な持続可能な開発プログラムの一環として導入されました。プログラムの推進者は、開発によるトナカイ牧畜への影響は無視できると主張しているのですが、牧畜民たちは、タービンがトナカイを不安にさせていると抗議しました。一方は、人間の巧みさによって自然という物理的な基盤の上に築かれた世界の秩序であり、他方は、生ある世界の生成的な秩序です。一方はタービン、他方は、人々とトナカイの群れによって表象されます。現代では、理性に導かれ、技術的な創意工夫によって実現された、人間による自然の征服の象徴として輝くタービンが勝っているように思えるかもしれませんが、それらは、進歩の記念碑だとインゴルドは指摘します。他方、動物は進歩せず、タービンの人工的な秩序の中に居場所はありません。

すべてがまったく同じである同一のタービンタワーは、終わることのない現在への領有権を主張します。他方、世界はそれとは無関係に続いていき、生ある存在の再生が可能なものたちだけを連れていく中に、トナカイやそれらに同行する人たちがいるのです。

タービンは、大地と空の分離です。だからこそそれは、トナカイ牧畜の環境において、気に障る存在になっているのだとインゴルドは述べています。トナカイ牧畜は、大地と空の混淆がなければ始まりません。

トナカイの群れとともに暮らすサーミにとって、自然とは、相続可能な遺産ではありません。それは、みずからがその真っ只中にあることに気づいている者たちによって吸い込まれる、境界を持たず拡散していく大気のようなものであるとインゴルドは言います。それは、あらゆるものが生きている大地と空の結合から形づくられた宇宙的な環境であると同時に、重なりあう複数の世代の親密さから生まれた情動的な関係の場なのです。

大気は、ある世代から別の世代に相続することなどできません、それは、人々が協働する中で生きられるだけです。それが生産され、かつ再生産されるのは、インゴルドによれば、生きていることにおいてなのです。

第7章「教育のやり方」では、教育の問題の検討がなされます。今日の学校教育のベースラインは、優れた知識とそれを受け渡すために、社会的に認可された教師が、生徒たちを無知から大人の理解のレベルにまで引き上げることです。それに対してインゴルドは、そのような「アンダースタンディング」を目指す教育から、物や存在に応答することで、それらをありのまま自分の中に迎え入れながら、それらとともに進み続けるための道を探し、そうすることで関係のコミュニティを築くことを目指す「アンダーコモニング」への転換を唱えます。

積み上げ的な世代観では、それぞれの世代層で知識が獲得され、応用する地盤が与えられます。他方で、縄的な世代観では、そのような地盤はなく、あらゆる撚り糸は他の糸とあわせられ、世界への足がかりが探されるのです。

西洋では一般に、教育は社会進歩の原動力であると考えられてきました。それは、理性の力に経験的な観察を関連づけることによって築かれた人類の知識の進歩が、世代から世代に受け継がれ、それぞれが前任者たちの肩の上に立つことを可能にする手段でした。この進歩の原理に沿った教育は、公式の教授法の基準を設けて、学究的であるとされる学習に対して最高位を与えたのです。それに対して、非専門家の実践者の知識は経験に結びつけられているため、説明や分析がなされてきませんでした。

インゴルドは、生徒と対峙する教師の態度を「学究的な姿勢」と呼びます。その前提にあるのは、教師が優れた知識とそれを受け渡すための資格を持っているとする社会的認可制度です。教師は生徒たちを、「無知」という仮定されたベースラインから、一連の段階を経て大人の理解レベルにまで引き上げるのです。やがて生徒が大人になった暁には、その時点での理解レベルから積み上げていくのです。

学究的な姿勢の影響で、美学的な完成度の基準に訴えかける科目群は周辺へと追いやられてきました。そのような非学術的な科目の教育は、生徒に、周囲と関わるための能力を高める、より円熟した人格形成をもたらすのだと考えられてきました。

非学術的科目は実は、教師と生徒たちが同じ方向を向いて、一方が他方によりかかっていることにより、真実を求める情熱によって突き動かされながら、協働でおこなうものです。それらは、生徒を世界それ自体との継続的な対話へと導き、そこに見られる物や存在に注意を向けるよう促し、それらとの共存の条件を探っていくのです。

インゴルドは、このような教育を、学究的な姿勢によって構成されるアンダースタンディングではなく、アンダーコモニングと呼びます。アンダースタンディングは確かな知識の地盤を築くことであり、そうすることで、未来の取り組みのための安定した基礎がもたらされます。逆に、アンダーコモニングでは、一人きりであれ、誰か他にいるのであれ、そこから築き上げるための強固な基盤がないので、投げ捨てられないようにするため、縄の撚り糸のように互いに結びつくことが求められるのです。

アンダーコモニングは可能性の中でともに生きる方法だと言えるでしょう。それは、他の物や存在に応答することで、当初からそれらとの間に共通して持っているものを当てにするのではなく、それらをありのまま自分の中に迎え入れ、それらとともに進み続けるための道を探し、そうすることで関係のコミュニティを築くことなのです。

気遣いと慈悲心に満ちた、よりかかるアンダーコモニングの姿勢は、周辺的な科目を補完するカリキュラムを提供するどころか、あらゆる勉学の分野にわたって、教育の目的そのものを変える可能性を秘めているとインゴルドは指摘します。「外へ導く」ことを意味する教育は、私たちが世界に注意を払ったり、応答したりすることができるようにするのです。

アンダーコモニングでは、前方で外へと導いて、後方ではよりかかるのです。教育者は、先人の道に沿って進む一方で、後に続く生徒の面倒を見ようとします。

外へ導き、よりかかるというこの実践は、教育哲学者ヤン・マッシュラインが「貧しい教授法」と呼ぶものに相当します。貧しい教育法では、教師と生徒は、アンダーコモンズの旅仲間として、一緒に進んでいくのです。その旅は困難で、リスクをともなって、不快なものになりかねず、その結果も保証されていません。

教師の仕事は、生徒が物事を進めるのを楽にすることではありません。それは、範を示すことであり、寛大な案内人、常に一緒にいる仲間、疲れを知らない批評家としての役割を果たすことだとインゴルドは言います。

学究的な姿勢では、教育的な価値を成果の新規性によって測り、真似することを剽窃《ひょうせつ》として失格扱いにしますが、アンダーコモニングでは、真似することは剽窃ではなく、練習です。見習いとして、生徒は教師の目が届く範囲で練習し、やがてみずからが目となり、今度は次世代を見守るのです。

アンダーコモニングでは、他者たちと歩調を合わせて進んでいくうちに、彼らに答えていく覚悟を求めるのです。つまり、反応＝可能性が涵養《かんよう》されるのです。それに対して、学術教育が生徒たちに教え込むことを目指しているのは、指導的で非人格的な理性の声です。そこでは、知識は、個人的な経験から切り離され、すべての人がアクセスできるようになっているのです。

理性の共同体では、誰しもが交換可能な者として扱われます。そこでは、問題には、誰が思いついたものであっても、正しい答えがあります。他方で、反応＝可能性という教授法は、学究的な姿勢の優先順位を逆転させ、標準化された到達度よりも、生起し続ける差異に対する注意をより上位に置きます。理性の共同体では、発見されるものが新しいものである限り、あなたが誰であるかは問題ではありませんが、反応＝可能性の共同体で何よりも重要なのは、あなたが誰であるかということなのです。

ところで、ハンナ・アーレントにとって、教育とは、進みながら、物事を身につけていくというだけの問題ではありません。彼女の言う教育の目的とは、「世界がどのようなものであるか」を子どもたちに教えることです。物事はきちっと説明される必要があります。

たとえば、子どもたちが母語を習得することと、その文法や統語論を勉強することはまったく別物です。彼らが遊び回っていたら、文法や統語論を勉強していたことにはなりません。子どもたちは、自分たちよりも知識の豊富な大人から教わる必要があり、それを保証するのは大人の責任なのです。大人たちが教えるための資格は、より多くのことを知っている点にあるのですが、大人たちの権威は、何を知っているかではなく、彼らが責任を引き受けることに拠るとアーレントは考えたのです。

教師は世界を説明する資格を持つべきだというアーレントの考えは、学究的な姿勢と似ているとインゴルドは言います。それが、知識のある大人と無知な子どもを対置させ、大人を子どもの上に置くからです。実際には、気遣いと保護が必要でしょう。庭師が地面にある苗木を育てるように、責任ある親や教師は子どもを大切にし、両者が育つために保護された環境をつくり出します。しかし、みずからが応答しようとする他者の声を求める、よりかかったり、見守ったりする者の声がなければ、責任はありえないとインゴルドは指摘しています。

今日主流となっている、理性の声で語る学術的な教育は、大人の知識と子どもの無知を対置させます。それは、教育の受け手に階級を与え、競争社会における人生のチャンスを高めます。インゴルドは、「知識」を身につけるだけではなく、それに「知恵」を調和させなければならないと言います。知識は、未来を予測可能にするために、概念や思考のカテゴリーの内部に物事を固定して説明しようとします。それに対して、知恵とは、世界の中に飛び込んで、そこで起きていることにさらされる危険を冒すことです。賢明であるとは、認識のドアを勢いよく開け、私たちの中に世界すなわち他者を迎え入れ、見守り、聴くことを通じて学ぶことなのです。したがって、知恵は私たちを剝き出しにし、傷つきやすい状態にします。

古老たちの下に身を寄せる若者たちは、好奇心とともに知恵を育みます。子どもたちの関心は常に開かれているのですが、現役世代が彼らに課そうとする知識偏重の学術的な教育によって抑え込まれてしまいます。理性は秩序の言葉で語り、その言葉の中に受け手をとどめてしまいます。その一方で、知恵と好奇心は過渡の言葉で語り、生へと開かれていくとインゴルドは述べています。

教育と公的介護に関する機関は、子どもたちを未来に備えさせ、高齢者を隔離しようとします。それらの根底にある価値体系では、好奇心の無垢さは知識の欠如、知恵の謙虚さは理性の欠如と評価されるのです。

現役世代にとって、老人と無知な者たちがともに未来を築くという考えは、馬鹿げたものかもしれません。しかし、知恵と好奇心を取り入れることは、生を再生させるために欠かせないとインゴルドは主張します。その希望を現実に変えるためにはまず、老人と若者がふたたび一緒になって、生産的で相互に変革的な協働を、公共の利益のための再生の力へと変えていかなければならないのだとインゴルドは唱えます。

第8章「科学技術の後に」では、頭字語論からデジタル化までを俎上《そじょう》に上げて論じています。頭字語を用いた今日のプロジェクトの教育の目的とは、スマートな者だけが生き残ることができる未来に備えさせることです。インゴルドは、頭字語と相性のいいデジタル化が、手の持つ情動的な力を追放したように、今後ますます人間の劣化をもたらすだろうと言います。そのための救済策は、世代間の協働に対する科学の責務を再び打ち立てる方法として、アーツを育むことです。インゴルドにとって、未来とは解決すべき問題ではありません。私たちの祖先がかつてしていたように、また動植物がしているように、あらゆる存在を育む自然の力とどのように調和するかをふたたび学ばなければならないのです。

近年、「科学」「技術」「工学」「数学」の頭文字を取って、STEMと名づけられたプロジェクトが進められています。現役世代が頭字語を好み、それらの頭字語が通商から防衛にわたる諸分野での政策と実践の言葉にちりばめられているのには理由があるとインゴルドは言います。正確にジャンルの名前を読み上げることは、それらに呼びかけ、思案し、それらと私たちの人生を結びつけることであり、理性に訴えかける現役世代はこのことを回避したいのです。「科学」「技術」「工学」「数学」という言葉を慎重に発声してみると、先人たちがすでに歩んだ道に沿って、見渡す限りの、そしてそれを超えて広がる知的探求の景観へと誘われます。あらゆる分野は、実践者たちの学究的な人生が重なりあって縄のように巻かれた系統なのです。そして、学生の課題はそれを続けていくことだとインゴルドは言います。

他方、ＳＴＥＭという頭字語は、ナイフのように、これらのいくつかの系統を切り裂きます。その発音からは、情動の痕跡は伝わってきません。この頭字語は、それらの分野が持っていた感情を迂回してしまうとインゴルドは指摘します。それはいかなる情熱も、記憶も、憧れる感覚も呼び起こさないし、他から切り離された、不毛な有用性以外の何ものでもないと言うのです。

伝統的な諸分野の名前を頭字語に置き換えることは、説明する上での便宜という単純な問題などではなく、研究開発の名の下に、大がかりにそれらを乗っ取り、現役世代の論理と利害に従属させることを示しているとインゴルドは論じています。

ＳＴＥＭは未来を主張し、「最新式」や「最先端」を誇ります。その頭字語は、培養施設への扉のロックを解除するキーコードのようなものです。コードを勝ち取るためには、スマートでなければなりません。スマートという考え方は、素早く問題解決できるとともに、ずる賢さを持った知性を含意していて、それを所有している者に競争上の優位性を与えます。

それは、成功を収めた起業家の特徴であり、ＳＴＥＭ教育が学生たちに教え込むべき属性の最上位に位置します。ＳＴＥＭ教育の目的とは、来るべき世代を、スマートな者だけが生き残る技術官僚主義的な世界秩序に向けて備えさせることなのです。

二〇一〇年には、STEMにアーツのAを加え、それをSTEAMに変更するというアイデアが出されています。型にはまらない考え方をするための方法として、アーツとデザインを取り入れようとしているのです。しかし、それは、賞の獲得に向けて競争するために学生が訓練されている選手権の中にアーツを含めるようなものだとインゴルドは分析しています。STEMの未来主義が強化されるだけです。

この補完性の論理は、美的判断と理性の働きの二元論を再生産します。アーツのパトロンの多くは、その取り組みの役割を、人間の顔と道徳的な良心によって、イノベーション経済の金儲けの色合いを和らげるためのバランス調整であると考えています。イギリス学士院からも最近、SHAPE（「人々と経済のための社会科学、人文学、アート」）という頭字語が提案されていますが、インゴルドによれば、これもまた、イノベーション経済を増強するだけなのです。

インゴルドは、科学をアーツと対立させたり、互いを補完させたりするのではなく、両者を複数の世代の協働によって基礎づけることが大切だと主張します。STEMやそれが欲しがる想像力で、スマートな解決策に近づくのではなく、世界の絶え間ない生成に対して開かれた想像力こそが必要だと言うのです。それは、イノベーションとしての科学ではなく、憧れることとしての科学なのです。

現役世代は、解決されるべき問題にあたるために、科学、技術、工学、数学に頼ろうとする一方で、来るべき世界のみならず、そこに住まう生き物たちの展望を思い描くために、アーティストやデザイナーたちを呼び入れます。しかし、そのことは、人工知能、仮想現実、完全自動化された仕事体制へと私たちを陥れることになるのだとインゴルドは警告しています。そうした体制では、精神と理性が身体的と感覚的な係留から解き放たれ、身体や感覚は抜け殻になってしまうと言うのです。このことは、啓蒙主義によって確立された、理性と自然の断絶を癒すどころか、さらなる断絶を招いてしまうと論じています。

その後インゴルドは、デジタル化の諸問題に踏み込んでいます。一九八〇年代に始まったデジタル時代は二一三〇年代には終わるだろうとインゴルドは予測します。

読み書きのできる者たちは、手で書くことができなくなりました。ペンとページがキーボードと画面に置き換えられ、線を表面の上に刻みつけるという書く営みがキーを打つことに置き換えられました。いまや書くためには、これらの諸要素を単語や文章に組み立てて、伝えたい意味をコード化する必要があります。これによって、読者の目はたどるべき線も、足がかりを探すための表面も得ることができなくなったのです。

インゴルドは、話すことが、デジタル化の次の犠牲になるだろうと予想します。キーボードと画面が書くことから手の持つ情動的な力を追放したように、話すことから声の持つ情動的な力が追放されてしまうと言うのです。

頭字語論に対する救済策は、科学の付属品としてでも、その補完物としてでもなく、観察、実験、記述という、規律ある仕事における世代間の協働に対する科学の責務を再び打ち立てる方法は、アーツを育むことであるとインゴルドは主張します。デジタル化の救済策は、より昔の書き方や話し方を再開することの中にあるのだと言います。ここで問題になっているのは、交替ではなく、再調整であるということをインゴルドは強調します。

こうした議論を踏まえて、あるレベルから次のレベルへと突破する以外に前に進む道はないという考え方にインゴルドは異議を唱えます。そのように考える者たちにとっての誘惑は、人類の歴史的運命の成就を印づける最後のブレイクスルーが差し迫っていると仮定することだと言います。科学が告げるのは、私たちはいまや地球史上の新しい時代、人新世に入りつつあるということです。インゴルドを悩ませるのは、人新世のうちの「人」ではなく、「新世」のほうだと言います。

人新世の物語の中では、その始まりを知らせる指標、ゴールデンスパイクを選ぶために多大な努力がなされてきています。ただし、ひとつのスパイクが、時代をつくるわけではありません。インゴルドによれば、問いは、その後に何が起こるのかということのほうなのです。

その上で、インゴルドは、歴史の天使を忘れないでいたいと願います。天使が見ているのは、目の前に開かれている新しい時代ではなく、置き去りにされた廃墟です。もし、人新世が時代ではなく廃墟なのであれば、その後の生は、先人たちの道を取り戻すために、まさに天使がしたように、廃墟に背を向けることによって可能になるでしょう。インゴルドはそのことを、再調整と呼んでいます。

インゴルドは、人新世の後の未来は、祖先がかつてしていたように、また動植物が現在もしているように、あらゆる存在を育む自然の力にいかに調和していくのかをふたたび学び直すことにかかっていると主張します。結局のところ、未来は解決すべき問題などではないのです。未来とはむしろ、私たちと、来るべき世代のために憧れる生なのです。そして、それをつかもうと手を伸ばすことは、親子関係と子をなすこと、親族と出自という、古くからの主題にもう一度立ち返ることを意味するのだとインゴルドは結論づけています。

ここでは、本書のインゴルドの立論の筋を追ってきました。当然のことですが、読む人によって、本書の読み方や解釈は異なるのであり、あくまでもこれを理解のための参考としていただけると有難いです。以下では最後に、本書に対する訳者のひとりの印象を手短に述べておきたいと思います。

世代論との関わりで教育を論じている第7章の第3節のタイトルは、「新しい人々、古いやり方」となっています。それは、子どもに対する大人の教育責任論を提示したハンナ・アーレントを批判的に検討している箇所です。私には、そのタイトルは、この節の内容が適確に言い表されたものにはなっていないように思えます。でも他方で、このタイトルは、本書全体の方向性を端的に表す句になっているように感じられます。

本書でインゴルドは、現役世代は次第に表舞台で活躍するようになり、その後、若者世代に道を譲る中で衰退するという、現代世界で優勢になった世代観を批判しながら議論を展開し、その後に、シベリアのチュクチ、マレー半島のバテッ、オーストラリアのピントゥピ、フィンランドのサーミなど、いずれも先住民の思考と行動をめぐる人類学の成果を、それぞれの章の最後のほうに、少しだけ、そっと書き加えているのです。

新しい人々とは、時間の流れの中で、今を生きている私たちのことではないでしょうか？私たちにとって、古いやり方が重要であることを、本書全体をつうじて、インゴルドは提起しているように思われます。

本書の主題は、複合的な社会的・環境的危機を抱えた現代世界における世代観をめぐる考察と検討です。それに対して、先住民の思考こそが、私たちが生を続けていくためのヒントとなりうるとする方向づけがなされているのです。

本書のそうした方向づけは、インゴルドの言う「人類学とは現地の中に入っていって、人々とともにする哲学である Anthropology is philosophy with the people in」という人類学の定義と相まって、彼の人類学の核心から流れ出したものであると考えられます。先住民たちのいる真っ只中で、人々「とともに」、その場で何が起きているのかを経験し記述することを通じて、私たちは人間の生について探っていくのです。

本書の訳出作業に関しても、述べておきたいと思います。最初、鹿野によって用意された下訳を踏まえて、奥野が内容を検討しました。その後、亜紀書房の内藤寛さんの点検を経て、鹿野と奥野が再検討し、最後に、奥野と内藤さんが、訳語・訳文の最終調整を進めました。今回特別にインゴルドさんに寄せていただいた「日本の読者のみなさまへ」の邦訳は、鹿野によるものです。本文中に引用されている文献について、日本語訳のあるものは参考にさせていただきつつ、訳者が新たに訳出しました。それぞれの訳書の訳者に感謝します。

本書には、生物学や哲学や教育学などの専門性を欠く訳者にとっては十分に理解が及ばない箇所がいくつもありました。訳文・訳語に関しては、関係諸氏のご批判と助言を仰ぎたいと考えています。

二〇二四年九月　　奥野克巳

原注

第1章　世代と生の再生

*1　聖書（ジェームズ王訳）、創世記、第5章。

*2　人類学者ギスリ・パルソンが言うように、「名づけは、関与する人と生の流れを形づくる発話実践である」。以下の文献の p.33 参照。Gisli Palsson, 'Ensembles of biosocial relations', in *Biosocial Becomings: Integrating Social and Biological Anthropology*, ed. Tim Ingold and Gisli Palsson, Cambridge University Press, 2013, pp22-41. *The Anthropology of Names and Naming*, ed. Barbara Bodenhorn and Gabriele vom Bruck, Cambridge University Press, 2006も参照のこと。

*3　いかにして系図を構築するかについての詳細な指示とともに、これらの慣例は、John Barnes, 'Genealogies', in *The Craft of Social Anthropology*, ed. A. L. Epstein, London: Tavistock, 1967, pp.101-27 の中に見つけることができる。

*4　このことがモデルを物語と決して混同してはならない理由である。モデルを批判することは、人類学者フィリップ・デスコラが考えるように、系譜関係を非常に重要だと考える人々が、「西洋の頑固さ」に屈服したと非難することでは決してありえない。以下の文献の pp. 317-318 を参照のこと。Philippe Descola, *Beyond Nature and Culture*, trans. Janet Lloyd, The University of Chicago Press, 2013, p.333、および応答としてTim Ingold, 'A naturalist abroad in the museum of ontology: Philippe Descola's *Beyond Nature and Culture*', Anthropological Forum, 2016, 26(3): 301-20.

*5　ダーウィンの名著『種の起源』に現れる唯一の図では、出自の系統に沿った種の改変と多様化が、それぞれが、無作為に選ばれた千世代の隔たりを意味する一連の水平な集合を通過することとして図示されている。意義深いことに、ダーウィンはあらゆる系統発生の線を一列に並んだ点として描いた。彼がそのようにするのは正しいことだった。なぜなら、点で描かれた線において、あらゆる動きはそれを構成する諸々

の点の中に縮められてしまうからだ。その線それ自体には生命はなく、生気を欠いている。Charles Darwin, *On the Origin of Species by Means of Natural Selection, or the Preservation of Favoured Races in the Struggle for Life*, London: Watts, 1950, pp.90-91（1859年初版の増刷版）［チャールズ・ダーウィン『種の起源』上下、渡辺政隆訳、光文社古典新訳文庫、2009年］を参照。点で描かれた線については、Tim Ingold, *Lines: A Brief History*, London: Routledge, 2007, p.94［ティム・インゴルド『ラインズ　線の文化史』工藤晋訳、左右社、2014年］を参照。

*6 Jacques Monod, *Chance and Necessity*, trans. Austryn Wainhouse, London: Collins, 1972, p.110.［ジャック・モノー『偶然と必然　現代生物学の思想的な問いかけ』渡辺格・村上光彦訳、みすず書房、1972年］

*7 例えば、以下を参照。Christophe Boesch and Michael Tomasello, 'Chimpanzee and human cultures', *Current Anthropology*, 1998, 39(5): 591-614; Andrew Whiten, Nicola McGuigan, Sarah Marshall-Pescini and Lydia M. Hopper, 'Emulation, imitation, over-imitation and the scope of culture for child and chimpanzee', *Philosophical Transactions of the Royal Society*, Series B, 2009, 364: 2417-28.

*8 たとえば、以下を参照。Robert Boyd and Peter J. Richerson, *Culture and the Evolutionary Process*, The University of Chicago Press, 1985; William H. Durham, *Coevolution: Genes, Culture and Human Diversity*, Stanford University Press, 1991; Peter J.Richerson and Robert Boyd, *Not by Genes Alone: How Culture Transformed Human Evolution*, The University of Chicago Press, 2008; Robert A. Paul, *Mixed Messages: Cultural and Genetic Inheritance in the Constitution of Human Society*, The University of Chicago Press, 2015. 概説として、Tim Lewens, *Cultural Evolution: Conceptual Challenges*, Oxford University Press, 2015 を参照。

*9 このことすべてに関する文献は、ここで列挙するにはあまりにも膨大である。批判的なレビューとして、Tim Ingold, 'Evolution without inheritance: steps to an ecology of learning', *Current Anthropology*, 2022, 63 (supplement 25): S32-S55 を参照のこと。

*10 辛辣な批判として、Susan Oyama, *The Ontogeny of Information: Developmental Systems and Evolution*, Cambridge University Press, 1985

を参照。

*11　Ludwig Wittgenstein, *Philosophical Investigations*, Oxford: Blackwell, 1953, ∫ 11.［ルートウィッヒ・ウィトゲンシュタイン『哲学探究』鬼界彰夫訳、講談社、2020年］

*12　Henri Bergson, *Creative Evolution*, trans. Arthur Mitchell, London: Macmillan, 1922, p.135.［アンリ・ベルクソン『創造的進化』合田正人、松井久訳、ちくま学芸文庫、2010年］強調は私自身による。とりわけ第7章で、よりかかるという仕草について立ち戻ることになる。

*13　Bergson, *Creative Evolution*, p.45.

第2章　人間の生涯をモデル化する

*1　Walter Benjamin, 'Theses on the philosophy of history', in *Illuminations: Essays and Reflections*, ed. Hannah Arendt, trans. Harry Zohn, New York: Schocken Books, 1968, pp. 253-64. 8［浅井健二郎編訳、久保哲司訳『ベンヤミン・コレクション1　近代の意味』ちくま学芸文庫、2008年］

*2　（1）教育と就労への準備、（2）活動的な雇用、（3）引退という局面へと分かれる「生の流れの基本的三分割」という概念は、1986年に社会史家のマーティン・コーリによって初めて提唱された。Martin Kohli, 'The world we forgot: a historical review of the life course', in *Later Life: The Social Psychology of Aging*, ed. Victor W. Marshall, Newbury Park, CA: Sage Publications, 1986, pp.271-303, 280を参照。社会学者のグンヒルド・O・ハゲスタッドとピーター・ウーレンバーグが報告するように、この「制度的な年齢による分離」の影響は、三局面のそれぞれに属する人々が、他の局面にある人々が排除された形で、同じ局面にある人たちの中だけで過ごしているということである。「子どもや若者は保育園や学校に誘導され、そこでは一日の大半を狭い年齢層の仲間たちと過ごす。大人は、若者と年寄りが排除された職場の環境で日々を過ごすことになっている。学校や職場へのアクセスが限られている年寄りは、引退後の余暇の生活を送ることが期待されている」Gunhild O. Hagestad and Peter Uhlenberg, 'The social separation of old and young: a root of

ageism', *Journal of Social Issues*, 2005, 61(2): 343-60, 346を参照。

*3　第7章、149頁を参照。

*4　国家形成と労働の組織化における変化が生の流れをどのように再構造化したかに関しては、Karl Ulrich Mayer and Urs Schoepflin, 'The state and the life course', *Annual Review of Sociology*, 1989, 15: 187-209を参照。

*5　Jeanette Lykkegård, *This Is Our Life: Living and Dying among the Chukchi of Northern Kamchatka*, doctoral dissertation, School of Culture and Society, University of Aarhus, 2019, p.160.

*6　Bergson, *Creative Evolution*, p.134.［アンリ・ベルクソン『創造的進化』合田正人、松井久訳、ちくま学芸文庫、2010年］

*7　Gilbert Simondon, 'The genesis of the individual', trans. Mark Cohen and Sanford Kwinter, in *Incorporations*, ed. Jonathan Crary and Sanford Kwinter, New York: Zone, 1992, pp. 297-319, 300.

*8　Benjamin, 'Theses on the philosophy of history', pp.253-254.［浅井健二郎編訳、久保哲司訳『ベンヤミン・コレクション1　近代の意味』ちくま学芸文庫、2008年］

*9　トランスヒューマニズムに関する素晴らしい議論として、Norman Wirzba, *This Sacred Life: Humanity's Place in a Wounded World*, Cambridge University Press, 2021, pp.34-60を参照。

*10　John Wyon Burrow, *Evolution and Society: A Study in Victorian Social Theory*, Cambridge University Press, 1966, p.227.

第3章　道を覚えていること

*1　これらおよび以降に続く思考は、最近刊行された以下の文献を参照のこと。*Pathways: Exploring the Routes of a Movement Heritage*, edited by Daniel Svensson, Katarina Saltzman and Sverker Sörlin, Winwick, Cambs.: The White Horse Press, 2022.

*2　パリンプセストの形成について、以下の私の論集内にある「パリンプセスト　地面とページ」と題されたエッセイの中で、もっと長い紙幅で論じたことがある。*Imagining for Real: Essays on Creation, Attention and*

Correspondence, Lodon: Routledge, 2022, pp.180-98.

*3 Robert Pogue Harrison, *The Dominion of the Dead*, The University of Chicago Press, 2003, pp.x-xi. ジェイソン・テイラーとロバート・マイナーは、以下に示す最近の訳業の中の脚注でヴィーコによる「人間」の語源について論じている。*The New Science*, New Haven, CT: Yale University press, 2020, p.12.

*4 ケイト・ライオンズは、海面上昇に脅かされるフィジー諸島の沿岸に住む村人が直面する課題に関する最近の記事の中で、多くの者たちにとって、埋葬地が移住する上での最大の障害になっていると述べている。死者を置き去りにして、彼らが流されるままにするべきなのだろうか? それとも彼らの骨を掘り起こして、新しい場所へもって行くべきなのだろうか? ライオンズが述べるように、どちらの選択肢も「非常にトラウマ的である」。問題は、過去を失うことにあるのではない。彼らの道を照らしてくれる先祖を抜きにして、未来に希望はないというのが、むしろ問題なのである。Kate Lyons, 'how to move a country: Fiji's radical plan to escape rising sea-levels', *The Guardian Long Read*, 8 November 2022: www.theguardian.com/environment/2022/nov/08/how-to-move-a-country-fji-radical-plan-escape-rising-seas-climate-crisis.

*5 Erin Manning, 'What things do when they shape each other: the way of the anarchive': http://s3.amazonaws.com/arena-attachments/990937/bdabcf14b7f9b5ab91be88ac871d44aa.pdf?1493056093, p.8.

*6 現在進行中の仕事に言及する許可を与えてくれたホン・ワン・チャンに大いに感謝している。これらの仕事の中には以下の論文が含まれている。'Recovering obscured experiences of landscape in Nanhai, China', presented at the Under the Landscape Symposium, Santorini and Therasia, Greece, 26-29 June 2022, organized by Boulouki, Itinerant Workshop on Traditional Building Techniques, and 'Tracing the lineage in a modernizing landscape landscape: five diptychs of a village in the Pearl River Delta, China', in *Remediated Maps: Transmedial Approaches to Cartographic Imagination*, ed. Tommaso Morawski and Tanja Michalsky, Rome: Campisano Editore (Quaderni della Bibliotheca Herziana), 2023. チャンのファミリー・ヒストリーは、かつて栄えていた家系に満

ちていた景観が押しつぶされてしまうことの帰結についての力強い証言を提供してくれる。だが、そのアナーカイブ的な力はまだ完全に抑圧されてはいない。今日でさえ、人々は、区分けや列、数字を振られた区域に関する墓所の秩序に明らかに反抗して、先祖の墓地で花火を打ち上げたり、紙の供物を燃やして煙を出したりすることによって先祖を祝福する。

*7 Tuck Po Lye, 'Knowledge, Forest, and Hunter-Gatherer Movement: The Batek of Pahang, Malaysia', doctoral dissertation, University of Hawai'i, 1997, p.372.

*8 Bergson, *Creative Evolution*, p.17.［アンリ・ベルクソン『創造的進化』合田正人、松井久訳、ちくま学芸文庫、2010年］

*9 Lye, 'Knowledge, Forest, and Hunter-Gatherer Movement', p.149.

第4章　不確実性と可能性

*1 ハリソンが主張するように、若年化は、若返りの逆である。若返りは「過去に成長していく未来を与える」一方で、若年化は「歴史性に戦いを挑み、現在から時間的、現象学的な深みを奪う。……それは若者に時期尚早な老年を与え、老人に未熟な若さを与える」。Robert Pogue Harrison, *Juvenescence: A Cultural History of Our Age*, The University of Chicago Press, 2014, p.116.

*2 このことは、次世代がすぐ傍にやってくるまでに自身の存在を感じられる間がほとんどないところまで、世代の間隔が狭くなり、その天地返しから加速化してきていることも説明するかもしれない。もし、すべての世代の間隔がかつての半分になっているのであれば、世代の継承は絶対的な限界に向かっていることになる。草稿を読んでこの指摘を与えてくれた査読者に感謝する。

*3 ここで、また本章の以降の箇所では、すでに出版された以下の拙稿を参照している。'Uncertainty and possibility / Incertitude et possibilite', In *Analysis*, 2022, 6(1): 10-18.

*4 Clifford Geertz, *The Interpretation of Cultures*, New York: Basic Books, 1973, p.45.［C.ギアーツ『文化の解釈学』Ⅰ・Ⅱ、吉田禎吾、柳川啓一、

中牧弘允、板橋作美訳、岩波現代選書、1987年]

*5 マイヤーズによれば、これは多くの西砂漠のアボリジニに共通する表現である。Fred R. Myers, *Pintupi Country, Pintupi Self: Sentiment, Place and Politics among Western Desert Aborigines*, Washington, DC: Smithsonian University Press, 1986, p.53.

*6 Myers, *Pintupi Country, Pintupi Self*, p.53.

*7 後継者が続くための道をつくった世界の創造者としての先祖に向けられたアボリジニの敬意を、近代の西洋人の読者をターゲットとして最近出版された、よい先祖になるための人気のマニュアルにある助言と対照させてみることは価値がある。その著者ローマン・クルズナリックによれば、人間は生まれつき「どんぐり脳」をもっており、そのおかげではるか先の未来まで投影するオルタナティブを想像することができる唯一の種である。私たちは、よい先祖であるためには、長期的な視点で考えるこれらの脳の能力を最大限に活用すべきである。「私たちはホモ・プロスペクタス、つまり先をみるサルである」と彼は言う。すでに報酬に恵まれた現役世代の代表として、この著者は明らかに、自然という鏡を覗きこんだ時、このサルの形をしたみずからの姿を認めたのである。Roman Krznaric, *The Good Ancestor: How to Think Long Term in a Short-Term World*, London: W. H. Allen, 2020.

*8 私はとりわけデューイの1934年の論文に言及している。'Art as experience', in *John Dewey: The Later Works, 1925-1953, Vol. X: 1934*, ed. Jo Ann Boydston, Carbondale: Southern Illinois University Press, 1987, pp.42-110. [ジョン・デューイ『経験としての芸術』栗田修訳、晃洋書房、2010年]

*9 Dewey, 'Art as experience', p.50. [ジョン・デューイ『経験としての芸術』栗田修訳、晃洋書房、2010年]

*10 これは後の、1938年の講義での言葉であるが、出版物としては以下のものである。*Experience and Education*, New York: Free Press, 2015, p.35. [ジョン・デューイ『経験と教育』市村尚久訳、講談社学術文庫、2004年]

*11 James J. Gibson, *The Ecological Approach to Visual Perception*, Hillsdale, NL: Lawrence Erlbaum, 1986. この段落における引用は、p.245とp.246からのものである。

*12　Jan Masschelein, 'Educating the Gaze: the idea of a poor pedagogy', *Ethics and Education*, 2010, 5: 43-53, 46.

*13　私は教育に関するこの考えかたに第7章の139頁で立ち戻る。

*14　Tim Ingold, *The Life of Lines*, London: Routledge, 2015, pp.138-42.［ティム・インゴルド『ライフ・オブ・ラインズ　線の生態人類学』筧菜奈子、島村幸忠、宇佐美達朗訳、フィルムアート社、2018年］

*15　Erin Manning, *The Minor Gesture*, Durham, NC: Duke University Press, 2016, p.6, pp.117-118.

*16　Dewey, 'Art as experience', p.59.［ジョン・デューイ『経験としての芸術』栗田修訳、晃洋書房、2010年］

*17　Karl Popper, *The Open Society and its Enemies*, Princeton University Press, 1950.

*18　Tim Ingold, 'On human correspondence', *Journal of the Royal Anthropological Institute*, 2017, 23: 9-27.

*19　リルケの *Uncollected Poems* より。以下の文献からの孫引き。*A Year with Rilke: Daily Readings from the Best of Rainer Maria Rilke*, ed. and trans. Joanna Macy and Anita Barrows, New York: Harper Collins, 2009, p.7.

第5章　喪失と絶滅

*1　Alastair Reid, 'Growing, flying, happening', in his *Barefoot: The Collected Poems*, ed. Tom Pow, Cambridge: Galileo, 2018, pp. 87-88. 第4章で論じられた「驚愕」との対照を強調するために「感嘆」という言葉を強調した。

*2　Titus Lucretius Carus, 'De rerum natura', ed. William Ellery Leonard: https://www.perseus.tufts.edu/hopper/text?doc=Perseus%3Atext%3A1999.02.0131%3Abook%3D2%3Acard%3D1105)

*3　以下の私の詩を参照。'On extinction', in Tim Ingold, *Correspondences*, Cambridge: Polity, 2020, pp. 148-51.

*4　George Gaylord Simpson, 'The species concept', *Evolution*, 1951, 5(4): 285-98, p.298.

*5 Karl Marx, *Economic and Philosophic Manuscripts of 1844*, trans. Martin Milligan, revised by Dirk J. Struik, transcribed by Andy Blunden, 2000: https://www.marxists.org/archive/marx/works/download/pdf/Economic-Philosophic-Manuscripts-1844.pdf 強調は私による。［マルクス『経済学・哲学草稿』長谷川宏訳、光文社古典新訳文庫、2010年］

*6 Thom van Dooren, *Flight Ways: Life and Loss at the Edge of Extinction*, New York: Columbia University Press, 2014; 'Spectral crows in Hawai'i: conservation and the work of inheritance', in *Extinction Studies: Stories of Time, Death and Generations*, ed. Deborah Bird Rose, Thom van Dooren and Matthew Chrulew, New York: Columbia University Press, 2017, pp.187-215, p.193. ［トム・ヴァン・ドゥーレン『絶滅へむかう鳥たち 絡まり合う生命と喪失の物語』西尾義人訳、青土社、2023年］

*7 van Dooren, 'Spectral crows in Hawai'I', p.188.

*8 これが問題の文章の全文である。「自然選択による進化——新しい生命の様式の偉大なエンジン——は、過去の業績を保持すると同時に新しい変動性を産み出すためにそれらを常に変化させる相続／遺伝の諸形式に拠っている。この変動性は、再組み替え、変異、および変化の他の形式によって生じる」。van Dooren, 'Spectral crows in Hawai'i', p.202.

*9 Eric Wolf, 'Perilous ideas: race, culture, people', *Current Anthropology*, 1994, 35(1): 1-12, p.1.

*10 *Oxford English Dictionary*, 'race', n.6.

*11 *Oxford English Dictionary*, 'race', n.6, 1. 1. A. 1676.

*12 Charles Darwin, *The Descent of Man; and Selection in Relation to Sex* (new edn.), New York: D. Appleton and Company, 1889, p.128 and 132. ［チャールズ・ダーウィン『人間の由来』上下、長谷川眞理子訳、講談社学術文庫、2016年］

*13 Darwin, *The Descent of Man*, p.182. ［チャールズ・ダーウィン『人間の由来』上下、長谷川眞理子訳、講談社学術文庫、2016年］

*14 Darwin, *The Descent of Man*, p.156. ［チャールズ・ダーウィン『人間の由来』上下、長谷川眞理子訳、講談社学術文庫、2016年］

*15 Arthur Keith, *The Place of Prejudice in Modern Civilization*, London: Williams & Norgate, 1931, p.49.

*16　古人類学でのネアンデルタール人論争に関する包括的なレビューについては、以下の文献を参照。Paul Graves, 'New models and metaphors for the Neanderthal debate', *Current Anthropology*, 1991, 32: 513-41. グレーブスが指摘するように（p.525）、「その論争の参加者のほとんどは、ヨーロッパの植民地主義の単純な隠喩 metaphor とそこから導きだされたアナロジーに抗えていない。実際のところ、混ざることなく置き換わり、『まったく新しい種』が進化するという考え方は、19世紀のイデオロギーに帰せられる進歩主義的な潮流の含意をもっている」。

*17　2011年の人口調査では、1万9000人以上のタスマニア人がアボリジニの人々であると名乗っている。www.britanica.com/topic/Tasmanian

*18　Marx, *Economic and Philosophic Manuscripts*, p.31.［マルクス『経済学・哲学草稿』長谷川宏訳、光文社古典新訳文庫、2010年］

*19　私は、博物学者デイヴィッド・アッテンボロー卿のことを述べている。自然界に関する彼の番組は、世界中で数百万人規模の視聴者を集めている。

*20　保全にまつわるこれらのジレンマに関する素晴らしい議論として、以下の文献を参照。Andrew Whitehorse, 'Anthropological approaches to conservation conflicts', in *Conflicts in Conservation: Navigating towards Solutions*, ed. Stephen M. Redpath, R. J. Gutierrez, Kevin A. Wood and Juliette C. Young, Cambridge University Press, 2015, pp. 94-104.

第6章　人類を再中心化する

*1　*The Human Revolution: Behavioural and Biological Perspectives on the Origins of Modern Humans*, ed. Paul Mellars and Chris Stringer, Edinburgh University Press, 1989.

*2　たとえば、*Social Life of Early Man*, ed. Sherwood L. Washburn, London: Methuen, 1962.

*3　L. P. Hartley, *The Go-Between*, Harmondsworth: Hamish Hamilton, 1953.［L・P・ハートレー『恋』森中昌彦訳、角川文庫、1971年］

*4　Tim Ingold, *The Life of Lines*, London: Routledge, p.115-119.［ティム・インゴルド『ライフ・オブ・ラインズ　線の生態人類学』筧菜奈子・島

村幸忠・宇佐美達朗訳、フィルムアート社、2018年]

*5　ここでは、私はアンソニー・ボナーの翻訳にしたがっている。'man is a manifying animal', in *Selected Works of Ramon Llull (1232-1316)*, Vol. 1, ed. and trans. Anthony Bonner, Princeton University Press, 1985, p.609.

*6　Alfred North Whitehead, *Religion in the Making: Lowell Lectures 1926*, Cambridge University Press, 1926, p.102.[『ホワイトヘッド著作集第7巻　宗教とその形成』齋藤繁雄訳、松籟社、1986年]

*7　このことは、とりわけアマゾン地域に当てはまることが示されてきた。かつてその地域にはほとんど人が住んでおらず、大部分が手つかずの原生自然であると考えられてきた。だが、多くの研究が明らかにしたのは、コロンバス以前の時代には逆に、その地域が数百万人の人々と少なくとも83種の在来家畜種を支える穀物栽培の主要な中心地であったことである。以下の文献を参照。Charles R. Clement, William M. Denevan, Michael J. Heckenberger, Andre Braga Junqueira, Eduardo G. Neves, Wenceslau G. Teixeira and William I. Woods, 'The domestication of Amazonia before European conquest', Proceedings of the Royal Society, Series B, 2015, 282: 20150813: http://dx.doi.org/10.1098/rspb.2015.0813.

*8　Tim Ingold and Elizabeth Hallam, 'Creativity and cultural improvisation: an introduction' in *Creativity and Cultural Improvisation*, ed. Elizabeth Hallam and Tim Ingold, Oxford: Berg, 2007, pp.1-24, p.10.

*9　Harrison, *Juvenescence*, p.97, p.113. ハリソンの立場と、私が本書で展開している議論との間には多くの共通点がある。西洋文明が周期的な記憶喪失、それが過去とみなすものの否認、そしてその結果として生じる、過去の業績を破壊へと追いやることに、その性質上さいなまれているという彼の見解(p.49)に私は同意する。だが、ハリソンにとっては、これは単なる近代の病ではなく、古典ギリシャにまでさかのぼることができるものである。しかし、何よりも、子をなすこと、あるいは「先例の子宮から新しいものを誕生させる」と彼が呼ぶことは、「復活《リバイバル》にはほとんど関係ないが、活性化《リバイタライゼーション》には大いに関係する」古いやり方の回復をともなうと主張する(p.113)点において、私はハリソンに同意する。

*10　第4章、82-5頁を参照。

*11　ある紛争は、ノルウェー中部のフォーゼン半島に位置するストヘイア

風力発電所とローン風力発電所に関するものである。2021年10月には、風力発電所はすでに建設されていたが、地元のサーミの牧畜民からの請願を受けて、ノルウェー最高裁判所は、これらの風力発電所が、国際条約に基づく牧畜民の権利を侵害しているとの判決を下したが、そのことは、タービンの建設を進めるために築かれた何キロにも及ぶ道路とともに、151基のタービンを撤去せよという要求につながった。本書の執筆時点では、この問題は未解決のままである。以下の記事を参照。
www.reuters.com/business/environment/norway-wind-turbines-should-be-torn-down-reindeer-herders-say-2021-11-12

*12 地理学者のヘイデン・ロリマーは、スコットランドのケアンゴーム山脈における牧畜の研究で、トナカイとその牧者が風を共同で読むことについてのとりわけ優れた説明を提供している。以下の文献を参照。Hayden Lorimer, 'Herding memories of humans and animals', *Environment and Planning D: Society and Space*, 2006, 24: 497-518.

第7章 教育のやり方

*1 Immanuel Kant, 'A translation of the introduction to Kant's *Physische Geographie*', in *Kant's Concept of Geography and Its Relation to Recent Geographical Thought*, by J. A. May, University of Toronto Press, 1970, pp.255-64, p.257.

*2 この議論は以下の仕事にインスピレーションを得た。Gert Biesta, *Letting Art Teach: Art Education 'After' Joseph Beuys*, Arnhem: Artez Press, 2017. 私はビースタの見解に142頁で戻る。

*3 この言葉は、活動家・教育理論家のステファノ・ハーネイと詩人・文学研究者フレッド・モーテンによって著された、大きな影響力を及ぼした以下のテクストに由来する。Stefano Harvey & Fred Moten, *The Undercommons: Fugitive Planning and Black Study*, Wivenhoe: Minor Compositions, 2013.

*4 第4章、92-3頁を参照。理解することとアンダーコモニングについては、以下を参照。Tim Ingold, *Anthropology and/as Education*, London:

Routledge, 2018, p.38.

*5 老いることと子をなすことについては、第2章、37-8頁を参照。

*6 第4章、86-7頁を参照。

*7 Masschelein, 'Educating the Gaze', p.50.

*8 以下の文献を参照。John Cage, *Silence: Lectures and Writings by John Cage* (50th anniversary edition), Middletown, CT: Wesleyan University Press, 2011, p.10［ジョン・ケージ『サイレンス』柿沼敏江訳、水声社、1996年］; Donna Haraway, *Staying with the Trouble: Making Kin in the Chthulucene*, Durham, NC: Duke University Press, 2016, p.105; Gert Biesta, *Beyond Learning: Democratic Education for a Human Future*, Boulder, CO: Paradigm, 2006, p.70.［ガート・ビースタ『学習を超えて 人間的未来へのデモクラティックな教育』田中智志・小玉重夫監訳、東京大学出版会、2021年］

*9 Alphonso Lingis, *The Community of Those Who Have Nothing in Common*, Bloomington: Indiana University Press, 1994.［アルフォンソ・リンギス『何も共有していない者たちの共同体』野谷啓二訳、堀田義太郎・田崎英明解説、洛北出版、2006年］

*10 Hannah Arendt, 'The crisis in education', The Humanities Institute, University pf California, Santa Cruz: https://thi.ucsc.edu/wp-content/uploads/2016/09/Arendt-Crisis_In_Education-1954.pdf, p.5. 2章, pp.28-29も参照。

*11 世界への愛、アモール・ムンディという主題はアーレントの仕事のすべてを貫いているが、彼女は、そのことについては直接にはほとんど言及していない。だが、アーレントは、元・教師で友人であるカール・ヤスパースへの1955年8月6日付の書簡の中で次のように書いている。「私はここまで遅くになって、本当につい最近になって、世界を真に愛するようになった。……感謝の気持ちから、私は政治理論に関する拙著を『アモール・ムンディ』と呼びたい」(以下の文献からの引用。Lucy Tatman, 'Arendt and Augustine: more than one kind of love', *Sophia*, 2013, 52: 625-35, p.626)。しかし、彼女はこの考えを放棄したように思われる。なぜなら、その本は最終的に1958年に、『人間の条件』(*The Human Condition* , The University of Chicago Press［ハンナ・アレント

『人間の条件』志水速雄訳、ちくま学芸文庫、1994年］というタイトルで出版されているからだ。

*12 Arendt, 'The crisis in education', p.13.

*13 Arendt, 'The crisis in education', p.10.

*14 Arendt, 'The crisis in education', p.8.

*15 指令語と合言葉の区別については、以下を参照。Gilles Deleuze and Felix Guattari, *A Thousand Plateaus: Capitalism and Schizophrenia*, trans. Brian Massumi, London: Continuum, 2004, p.122.

*16 この段落は、以下の拙論における対応する節に広く依拠している。'The world in a basket' in *Imagining for Real*, pp.277-278. 何にも増して、本書についての着想に私を導いたのは、その拙論を書いたことであった。

*17 Harrison, *Juvenescence*, p.130.

*18 生化学者でカオス理論家のオットー・レスラーは、かつて次のように述べた。「数学は陶芸に勝るものではない」。彼は、陶芸は数学に劣るものではないと言うこともできたかもしれない。以下の文献からの引用。Elizabeth de Freitas, 'Material encounters and media events: what kind of mathematics can a body do?' *Educational Studies in Mathematics*, 2016, 91: 185-202, p.188.

第8章 科学技術の後に

*1 第1章、22-3頁を参照のこと。

*2 語源的には、「philosophy（哲学）」は、古代ギリシャ語の「愛する」を意味する *philo-* と「賢い、教養のある」を意味する *sophis* を組み合わせたものである。

*3 ハリスンもまた、近代科学では、先見の明のある者たちも平凡な実践者たちも数千年にさかのぼる知的探求の伝統に背を向け、それらが体現する知恵を無知に基づくものであると拒絶する傾向があることを指摘した。ひとつ前の世代の理論でさえも、「先史時代の歴史に属すのがよいだろう」。このような「培われた健忘症」は、推論と反証を経て、進歩の観念の中の不可避な副産物であるが、私の感覚では、それは2000年代以

降のSTEMの台頭により、大幅に悪化してきた。Harrison, *Juvenescence*, p.51 を参照。

*4　RISDウェブサイト上の関連する文章には次のように書かれている。「RISDは長い間、アーツと科学の共生に価値を認め、様々なスタジオでの実践に学際的な探求を織り込んできた。2010年、カレッジは、21世紀のイノベーション経済での競争に未来の世代をよりよく備えさせるであろう包括的な教育モデルを開発するために、STEM（科学、技術、工学、数学）教育と研究という国家的課題の中にアーツとデザインを追加することを擁護し始めた」www.risd.edu/academics/public-engagement. 以下の文献も参照のこと。Anne Pirrie, 'Where science ends, art begins? Critical perspectives on the development of STEAM in the New Climatic Regime', in *Why Science and Art Creativities Matter: (Re-)Configuring STEAM for Future-Making Education*, ed. Pamela Burnard and Laura Colucci-Gray, Leiden: Brill, 2020, pp.19-34.

*5　このことは、第7章、136-7頁で論じた、学術的科目と非学術的科目の相補性を反響させている。

*6　下を参照のこと。www.thebritshacademy.ac.uk/this-is-shape

*7　第2章、55頁を参照のこと。

*8　これが、中世ヨーロッパの修道僧が礼拝のテクストを読むやり方であり、彼らは、みずからが発した「ページの声（*voces paginarum*）」に耳を傾け、そのパフォーマンスから言葉が「こぼれ落ちる」ままにしていた。

*9　「研究《リサーチ》」の意味については、以下を参照。Ingold, *Anthropology and/as Education*, pp.71-74.

*10　ペンと鍬の比較、およびページと農地の比較については、第3章、67-8頁を参照のこと。

ティム・インゴルド（Tim Ingold）

1948年イギリス・バークシャー州レディング生まれの人類学者。1976年にケンブリッジ大学で博士号を取得。1973年からヘルシンキ大学、マンチェスター大学を経て、1999年からアバディーン大学で教えている。『ラインズ——線の文化史』（2014年、左右社）、『メイキング——人類学・考古学・芸術・建築』（2017年、左右社）、『ライフ・オブ・ラインズ——線の生態人類学』（2018年、フィルムアート社）、『人類学とは何か』（2020年、亜紀書房）、『生きていること』（2021年、左右社）、『応答、しつづけよ。』（2023年、亜紀書房）などがある。

奥野 克巳（おくの・かつみ）

立教大学異文化コミュニケーション学部教授。著作に『ありがとうもごめんなさいもいらない森の民と暮らして人類学者が考えたこと』（2018年、亜紀書房）、『これからの時代を生き抜くための文化人類学入門』（2022年、辰巳出版）、『人類学者K』（2022年、亜紀書房）など多数。共訳書に、エドゥアルド・コーン著『森は考える——人間的なるものを超えた人類学』（2016年、亜紀書房）、レーン・ウィラースレフ著『ソウル・ハンターズ——シベリア・ユカギールのアニミズムの人類学』（2018年、亜紀書房）、ティム・インゴルド『人類学とは何か』（2020年、亜紀書房）、『応答、しつづけよ。』（2023年、亜紀書房、単訳）。

鹿野マティアス（しかの・まてぃあす）

翻訳家・ライター。本業では、動物遺体を運ぶ特殊運搬業に携わる。将来は文化人類学者を目指している。

The Rise and Fall of Generation Now by Tim Ingold

This edition is published by arrangement with Polity Press Ltd.,
Cambridge through Japan UNI Agency, Inc., Tokyo

世《せ》代《だい》とは何《なに》か

2024年11月2日　第1版第1刷発行

著　者　　ティム・インゴルド
訳　者　　奥野克巳・鹿野マティアス

発行者　　株式会社亜紀書房
〒101-0051　東京都千代田区神田神保町1-32
電話：(03) 5280-0261　振替：00100-9-144037
https://www.akishobo.com

装　丁　　北岡誠吾
ＤＴＰ　　コトモモ社
印刷・製本　株式会社トライ
https://www.try-sky.com

Printed in Japan
ISBN978-4-7505-1858-9　C0010

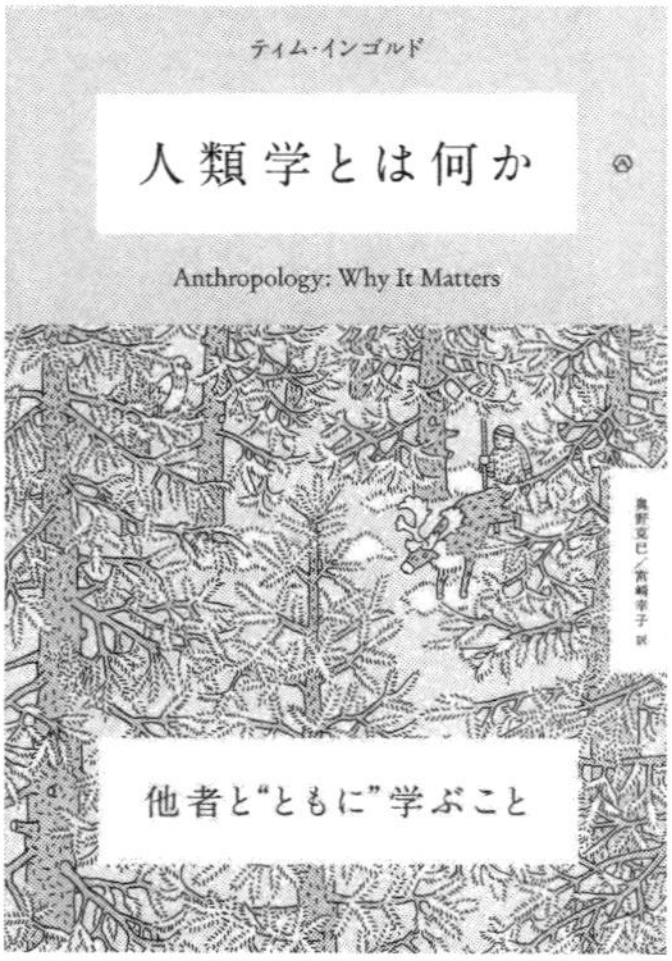

人類学とは何か

奥野克巳・宮崎幸子訳

他者と向き合い、ともに生きるとは、どういうことか。

人類学は、未来を切り拓くことができるのか。

現代思想、アートをはじめ、ジャンルを超えた影響と挑発をあたえつづける著者が語る、人類学と人類の未来。インゴルドの思想の核心にして最良の人類学入門。

四六判 192 頁 1800 円＋税

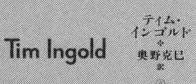